Como Comprar e Vender Empresas
e Ganhar Muito Dinheiro

Como Comprar e Vender Empresas
e Ganhar Muito Dinheiro

— *Edição Revista e Atualizada* —

*Estratégias comprovadas, precauções contra armadilhas
e os segredos de uma boa negociação*

GARRETT SUTTON

ALTA BOOKS
EDITORA
Rio de Janeiro, 2018

Como Comprar e Vender Empresas e Ganhar Muito Dinheiro
Copyright © 2018 da Starlin Alta Editora e Consultoria Eireli. ISBN: 978-85-508-0103-2

Translated from original How to buy & sell a business by Garrett Sutton, Esq. Copyright © 2003, 2012 by Garrett Sutton, Esq. ISBN 978-1-937832-04-9. This edition published by arrangement with Rich Dad Operating Company, LLC., the owner of all rights to publish and sell the same. PORTUGUESE language edition published by Starlin Alta Editora e Consultoria Eireli, Copyright © 2018 by Starlin Alta Editora e Consultoria Eireli.

CASHFLOW, Rich Dad, Rich Dad Advisors, ESBI, e Triângulo B-I são marcas registradas da *CASHFLOW Tecnologies, Inc.*

Todos os direitos estão reservados e protegidos por Lei. Nenhuma parte deste livro, sem autorização prévia por escrito da editora, poderá ser reproduzida ou transmitida. A violação dos Direitos Autorais é crime estabelecido na Lei nº 9.610/98 e com punição de acordo com o artigo 184 do Código Penal.

A editora não se responsabiliza pelo conteúdo da obra, formulada exclusivamente pelo(s) autor(es).

Marcas Registradas: Todos os termos mencionados e reconhecidos como Marca Registrada e/ou Comercial são de responsabilidade de seus proprietários. A editora informa não estar associada a nenhum produto e/ou fornecedor apresentado no livro.

Impresso no Brasil — 2018 — Edição revisada conforme o Acordo Ortográfico da Língua Portuguesa de 2009.

Publique seu livro com a Alta Books. Para mais informações envie um e-mail para autoria@altabooks.com.br

Obra disponível para venda corporativa e/ou personalizada. Para mais informações, fale com projetos@altabooks.com.br

Produção Editorial Editora Alta Books **Gerência Editorial** Anderson Vieira **Produtor Editorial** Thiê Alves	**Produtor Editorial** **(Design)** Aurélio Corrêa **Editor de Aquisição** José Rugeri j.rugeri@altabooks.com.br	**Marketing Editorial** Silas Amaro marketing@altabooks.com.br **Vendas Corporativas** Sandro Souza sandro@altabooks.com.br	**Vendas Atacado e Varejo** Daniele Fonseca Viviane Paiva comercial@altabooks.com.br	**Ouvidoria** ouvidoria@altabooks.com.br
Equipe Editorial	Bianca Teodoro Ian Verçosa	Illysabelle Trajano Juliana de Oliveira	Renan Castro	
Tradução **(1ª edição)** Alessandra Mussi Araújo		**Copidesque** **(atualização)** Wendy Campos	**Revisão Gramatical** **(atualização)** Thamiris Leiroza	**Diagramação** **(atualização)** Joyce Matos

Erratas e arquivos de apoio: No site da editora relatamos, com a devida correção, qualquer erro encontrado em nossos livros, bem como disponibilizamos arquivos de apoio se aplicáveis à obra em questão.

Acesse o site www.altabooks.com.br e procure pelo título do livro desejado para ter acesso às erratas, aos arquivos de apoio e/ou a outros conteúdos aplicáveis à obra.

Suporte Técnico: A obra é comercializada na forma em que está, sem direito a suporte técnico ou orientação pessoal/exclusiva ao leitor.

CIP-Brasil. Catalogação-na-fonte.
Sindicato Nacional dos Editores de Livros, RJ

S97c   Sutton, Garrett
       Como comprar e vender empresas e ganhar muito dinheiro:
     estratégias comprovadas, precauções contra armadilhas e os
     segredos de uma boa negociação / Garrett Sutton; tradução de
     Alessandra Mussi. — Rio de Janeiro: Alta Books, 2017.
        (O guia do pai rico)

     Tradução de: How to buy & sell a business
     ISBN 978-85-508-0103-2

       1. Empresas — Compra. 2. Empresas — Fusão e
     incorporação. 3. Empresas — Avaliação. I. Título. II. Série.

05-1359
                                         CDD 658.16
                                         CDU 65.016.1

Rua Viúva Cláudio, 291 — Bairro Industrial do Jacaré
CEP: 20.970-031 — Rio de Janeiro (RJ)
Tels.: (21) 3278-8069 / 3278-8419
www.altabooks.com.br — altabooks@altabooks.com.br
www.facebook.com/altabooks — www.instagram.com/altabooks

Agradecimentos

O autor agradece a Mona Gambetta, Cindie Geddes, Brandi MacLeod e Tom Wheelwright pela ajuda na revisão e preparação deste livro. Os agradecimentos também se estendem a Robert Kiyosaki pelo apoio e interesse irrestritos por este projeto.

O objetivo deste livro é fornecer informações gerais sobre investimentos. Contudo, leis e práticas quase sempre variam entre países e estão sujeitas a mudanças. Visto que cada situação real é singular, orientações específicas devem ser adaptadas às circunstâncias. Por isso, aconselha-se ao leitor que procure seu próprio assessor no que diz respeito a uma situação específica.

O autor tomou precauções razoáveis na preparação desta obra e acredita que os fatos aqui apresentados são precisos na data em que foram escritos. Contudo, nem o autor, nem a editora, assumem quaisquer responsabilidades por erros ou omissões. O autor e a editora especificamente se eximem de qualquer responsabilidade decorrente do uso ou da aplicação das informações contidas neste livro. Além disso, o objetivo dessas informações não é servir como orientação legal relacionada a situações individuais.

A Editora Alta Books não se responsabiliza pela manutenção e conteúdo no ar de eventuais websites, bem como pela circulação e conteúdo de jogos indicados pelo autor deste livro.

Outros Best-sellers da Série *Pai Rico*

Pai Rico, Pai Pobre

Independência Financeira

O Poder da Educação Financeira

O Guia de Investimentos

Filho Rico, Filho Vencedor

Aposentado Jovem e Rico

Profecias do Pai Rico

Histórias de Sucesso

Escola de Negócios

Quem Mexeu no Meu Dinheiro?

Pai Rico, Pai Pobre para Jovens

Pai Rico em Quadrinhos

Empreendedor Rico

Nós Queremos que Você Fique Rico

Desenvolva Sua Inteligência Financeira

Mulher Rica

O Segredo dos Ricos

Empreendedorismo Não Se Aprende na Escola

O Toque de Midas

O Negócio do Século XXI

Imóveis: Como Investir e Ganhar Muito Dinheiro

Irmão Rico, Irmã Rica

Como Comprar e Vender Empresas e Ganhar Muito Dinheiro

Sumário

Prefácio	por Robert Kiyosaki	xi
Introdução		xiii
Capítulo 1	Antes de Começar	1
Capítulo 2	Compradores e Vendedores	11
Capítulo 3	Sua Equipe de Especialistas	23
Capítulo 4	Confidencialidade	37
Capítulo 5	Franquias	47
Capítulo 6	Prospecto de Vendas	57
Capítulo 7	Relatórios Financeiros	65
Capítulo 8	Passivo	85
Capítulo 9	Avaliação	89
Capítulo 10	Negociações	103
Capítulo 11	Estrutura	113
Capítulo 12	Financiamentos e Empréstimos	119
Capítulo 13	O Contrato de Compra e Venda	121
Capítulo 14	O Fechamento da Transação	129
Capítulo 15	O Futuro	137
Conclusão		143

Prefácio
por Robert Kiyosaki

Meu pai pobre sempre me incentivou a ter uma boa formação para que eu pudesse arrumar um bom emprego em uma boa empresa. Já o meu pai rico fez diferente. Ele dizia o seguinte: "As pessoas mais ricas do mundo aprendem a comprar e vender empresas, não a trabalhar para elas."

Tenho o prazer de adicionar à série *Guia do Pai Rico* este livro de extrema importância. Garrett Sutton oferece informações de valor inestimável a todos os que desejam saber mais sobre o secreto mundo dos ricos, sobre em que os ricos investem e algumas das razões pelas quais os ricos ficam cada vez mais ricos.

Anos atrás, meu pai rico me ensinou que existem três categorias principais de ativos nas quais os investidores apostam: empresas, papéis e imóveis. No mundo atual, em que a confiança do investidor no mercado de ações foi abalada, em que executivos adotam condutas financeiras nada honestas, na era das negociações privilegiadas e de práticas contábeis questionáveis, este livro sobre compra e venda de empresas oferece escolhas além do denegrido universo de papéis e imóveis supervalorizados.

Comprar e vender empresas não é negócio para o investidor médio. Na verdade, para quem não conhece bem o assunto, a compra e venda de uma empresa pode ser a mais arriscada das três categorias de ativos. Ao mesmo tempo, essa pode ser, de longe, a mais rentável das três categorias — para quem conhece o assunto. Daí a extrema importância deste livro, que traz ao *Guia do Pai Rico* uma análise mais aprofundada do mundo dos negócios. Esse conhecimento é essencial para qualquer investidor que esteja pronto a assumir o controle de seu futuro financeiro por meio da compra de empresas.

Pessoalmente, estou satisfeito por ter seguido o conselho de meu pai rico e optado por comprar e vender empresas em vez de trabalhar para elas. Tenho certeza de que este livro será tão útil na sua educação financeira quanto o conselho de meu pai rico foi para mim.

Robert Kiyosaki

Introdução

Parabéns. Ao ler este livro, você aprenderá as etapas e estratégias necessárias para o sucesso na compra e venda de uma empresa. A palavra-chave dessa frase é "sucesso", visto que há muitos riscos e desafios a serem superados e controlados no processo. Entretanto, ao aplicar as informações aqui contidas e com a ajuda de consultores especializados na hora certa, você será bem-sucedido em uma transação dessa natureza.

Então, mãos à obra...

Capítulo 1

Antes de Começar

Sendo Seu Próprio Chefe

Ser seu próprio chefe — parece um sonho. Ser dono de sua própria empresa, dos seus horários, não dar satisfações a ninguém, vestir-se como quiser... A filosofia do pai rico, de Robert Kiyosaki, defende a ideia de ser dono do próprio negócio, de preferência administrado por terceiros, tendo em vista a receita gerada e a liberdade que podem proporcionar. No entanto, seja você um empresário capitalista ou um chefe do dia a dia, ser o proprietário significa assumir a responsabilidade — total — pela saúde da empresa. O sucesso ou o fracasso (e o respectivo impacto nas suas finanças) pesará totalmente sobre seus ombros. Nada de faltas abonadas por motivo de doença, férias remuneradas nem planos de demissão voluntária. Uma reviravolta na economia não mais significa algum risco à segurança de seu emprego, mas pode levá-lo à total ruína financeira. Como não há "redes de segurança" no mundo empresarial, é melhor você saber desde o início se é um Linus ou uma Lucy van Pelt. Linus é o intelectual da turma do Charlie Brown, mas que precisa de segurança. Lucy é empreendedora, adora fazer planos, mas nunca analisa nada racionalmente. O empresário ideal é uma mescla da personalidade desses irmãos das histórias em quadrinhos. Será que você tem as características adequadas de um empresário?

Conhecer seus pontos fortes e fracos pode poupar horas, quem sabe anos, de frustração e limitar o risco financeiro. Antes de começar, faça algumas perguntas a si mesmo, por exemplo:

Capítulo 1

- Até que ponto sua formação é compatível com as exigências do setor em que você pretende entrar?
- Você sabe interpretar as demonstrações financeiras e fazer planejamentos tributários?
- Como você se sente em relação a vendas e marketing? Sua experiência está à altura do desafio?
- Suas aptidões servem para o tipo de negócio que você pretende abrir?
- Suas habilidades estão à altura das necessidades? Em caso negativo, é possível adquiri-las através de estudo ou treinamento? Nesse caso, quanto tempo é necessário para que você se torne um perito na área?
- Pensando em questões mais particulares, como as necessidades da futura empresa se adaptam à sua personalidade? Se você não gosta muito de contato com o público, talvez não aprecie trabalhar no varejo. Se abomina matemática, a complexidade da gestão financeira nas empresas industriais pode não atraí-lo muito.
- Algumas empresas nascem e morrem aos pés de um grande líder. A identidade dos negócios pode confundir-se com a do líder. Você conseguirá ser tudo para todos?
- Algumas atividades exigem viagens ou trabalho árduo ou trabalhar à noite, em fins de semana e feriados. Seu estilo de vida permite isso? Você está disposto a fazer as mudanças necessárias? A probabilidade de ter êxito em um ramo de atividade incompatível com seu estilo ou cujas demandas não se ajustem naturalmente a você não é nada animadora. Aposte naquilo que você gosta, conhece ou pode aprender.
- Pensando com realismo, de que maneira seus objetivos se equiparam às metas que a empresa poderá oferecer? A paixão o levará longe; o conhecimento, mais ainda; mas, no final das contas, os números falam mais alto. Portanto, não tome decisões sem levá-los em consideração. Deixe que sua paixão o guie aos objetivos, ou até mesmo a um ramo de atividade, mas não a um negócio específico. Ouça seu coração, mas deixe que a razão o oriente.
- Você será um bom empresário? Considere os seguintes fatores:

    1. Você precisa de muita supervisão ou cria seus próprios métodos?

2. As pessoas confiam em você?
3. Você assume a responsabilidade por uma questão de escolha ou apenas por obrigação?
4. Você gosta de gente?
5. Você é um líder?
6. Você está disposto a trilhar o caminho mesmo sem recompensas imediatas à vista?
7. Você tem facilidade em tomar decisões?
8. Você consegue visualizar o panorama geral antes da recompensa imediata?
9. Você termina o que começa?

- Você sabe quem é e o que deseja? Pegue seu currículo e analise-o de maneira realista. Escreva suas metas e detalhe de maneira realista o potencial da empresa que pretende abrir. Imagine-se dirigindo a empresa. Seja específico. A especificação de objetivos é uma ferramenta poderosa. Use essas metas para decidir se você é a pessoa certa para o negócio e se esta será a opção certa para você.

- Como será a adaptação de sua família? Antes de assinar papéis e assumir obrigações, apresente as seguintes questões à sua família:

   1. Como as horas de trabalho e as preocupações extras afetarão sua família?
   2. Seus familiares estão dispostos ou aptos a ajudá-lo com essa carga?
   3. De que maneira a diminuição da segurança financeira afetará a união familiar?
   4. Vale a pena desistir da segurança dos contracheques, do seguro de vida, do plano de aposentadoria, das férias remuneradas e de outros benefícios pelo orgulho de ter seu negócio próprio e pela esperança de uma recompensa em longo prazo? Na linguagem do quadrante CASHFLOW, de Robert Kiyosaki, você está pronto para deixar de ser um E (empregado) e se tornar um A (autônomo) e, tomara, um D (dono de seu próprio negócio administrado pelos outros)?

5. Qual é a flexibilidade de seus familiares em termos financeiros, psicológicos e emocionais? Certifique-se de conhecer as necessidades de cada um e avalie se essa aquisição atenderá a todas elas.

6. Você conseguirá seu intento sem o apoio da família? Ter uma empresa familiar nem sempre significa colocar a família toda para trabalhar. Se você espera contar com a ajuda de seu cônjuge, dos filhos ou de outros familiares, terá de conseguir o apoio deles bem antes de fazer negócio.

- Você está fugindo de alguma coisa (de um trabalho sem perspectivas de ascensão, do marasmo mental, do chefe que mais parece o diabo) ou em busca de alguma coisa (como autoestima, independência, criatividade)? Se estiver correndo de algo, nenhuma empresa o levará longe o bastante, mas se estiver em busca de algo, o percurso será incrivelmente menor com um pouco de planejamento e prudência.

Comprar versus Empreender

Preparação e trabalho árduo podem proporcionar realização pessoal, uma carreira sob controle e independência financeira. Na posição de chefe, você determina quanto tempo dedicará e quanto dinheiro ganhará. Quando o sucesso acontece, ele pertence a você. O tempo investido se reverterá em receita para você e não para encher o bolso de outra pessoa.

O risco financeiro é bem menor na compra de uma empresa já estabelecida do que na abertura de um novo negócio. O período crucial ocorre justamente entre a abertura e o ponto de equilíbrio. Para continuar existindo, uma empresa estabelecida deve permanecer em uma atividade adequada. As recompensas da independência e de ser dono do próprio negócio são iguais tanto na abertura de uma nova empresa quanto na aquisição de um negócio estabelecido. No entanto, a compra conta com o histórico da empresa como guia para o futuro. O caminho já foi aberto e os novos proprietários podem trilhá-lo.

O passado é uma ferramenta valiosa em qualquer negócio. Há um nível de expectativa — um roteiro teórico para o futuro. É exatamente essa aura de previsibilidade que torna mais fácil o financiamento para a aquisição de uma empresa já estabelecida do que para a constituição de um novo negócio. Afinal, as demonstrações financeiras, os ativos e o fluxo de caixa, dentre outros itens, podem ser usados como garantias em empréstimos bancários. Além disso, se os bancos não demonstrarem interesse, o vendedor certamente terá motivação suficiente para ajudar com o financiamento, muitas vezes oferecendo melhores condições que as de um credor comercial. O proprietário anterior poderá até permanecer por um tempo após a venda para ajudar o novo dono nesse período de transição, que é normalmente complicado e delicado.

Vivemos em uma época em que as pequenas empresas não só podem coexistir lado a lado com as grandes corporações, mas também são capazes de prosperar. A tecnologia quebrou praticamente todas as barreiras. Hoje o acesso aos clientes do outro lado do mundo é tão fácil quanto o contato com os que estão do outro lado da rua. Fax, e-mail, internet, videoconferência, material impresso — todas essas facilidades permitem que uma empresa local alcance um mercado global mantendo o estoque e os custos indiretos baixos. É possível que o atual proprietário ainda não tenha explorado tais recursos, que podem ser a diferença entre a mera sobrevivência e sua vitória nos negócios.

Vender versus Perseverar

O melhor momento para vender é quando a economia e o setor apresentam bom desempenho. Embora tenham pouco ou nenhum controle sobre esses fatores, os que pretendem vender podem manter suas empresas em excelentes condições de venda para aproveitar oportunidades imprevistas. Uma empresa bem administrada é um bem valioso em qualquer mercado. Conhecer as características econômicas e setoriais e saber como a empresa se situa em relação a esses fatores ajuda o proprietário a definir o melhor preço caso decida vendê-la.

Por vezes, fatores totalmente fora da esfera de influência do proprietário surgem e motivam a venda. Dentre eles:

- Mudança na concorrência (por exemplo, quando uma grande empresa decide ingressar no setor e procura outras para comprar).
- Morte de um sócio ou de um dos acionistas majoritários (o dono pode ser forçado a vender para acertar as contas com os outros sócios ou para dividir o espólio do falecido).
- Os herdeiros não querem manter a empresa (ou não têm competência para administrá-la).
- Mudanças inesperadas nas finanças (causadas, por exemplo, por divórcio ou emergências médicas).

Capítulo 1

- Mudanças nas regras (como alterações em zoneamento ou novas leis).

Ou, então, situações totalmente sob o controle do proprietário é que estão motivando a venda. Os empresários precisam entender suas motivações para não cometerem erros.

Estados de exaustão ou depressão mental são outro fator comum que motivam a venda. Mas, ao contrário da alienação do negócio, essa causa é geralmente transitória. Talvez o empresário precise apenas de férias ou de uma diminuição na carga de trabalho. Talvez seja necessário reorganizar os negócios ou trazer a alegria e a aventura de volta à empresa. Se o proprietário decidiu vender, a consequente liberdade (equivalente à síndrome da contagem regressiva no mundo comum) pode impulsioná-lo a fazer mudanças. Empresários que pretendem vender, por que vocês não fazem essas mudanças agora?

Momento Oportuno

O momento oportuno é importante tanto para a compra quanto para a venda. Fatores como a saúde da economia geral, a situação do setor específico em que a empresa atua e a condição do negócio contam no processo decisório. A saúde da economia geral dita não só a disponibilidade de empréstimos, mas também melhora a perspectiva para os compradores potenciais. Bons cenários econômicos são propícios para compradores otimistas que, tendo em vista um futuro promissor, dispõem-se a comprá-lo. O setor e a saúde financeira da empresa a ser adquirida ajudam a definir os níveis de riscos evidentes. Quanto menores os riscos, mais elevados os preços, mesmo que tais riscos sejam vistos apenas pelo observador.

Embora compradores e vendedores não tenham nenhum controle sobre a saúde da economia ou sobre a situação do setor, a avaliação das tendências e das percepções influencia muito a capacidade de estar no lugar certo na hora certa. O segredo da boa sorte é o bom planejamento.

Quedas bruscas no nível da atividade econômica podem ser boas notícias para os compradores. Com o poder de compra (ou, melhor ainda, disponibilidade de caixa), quem compra sempre encontrará uma pechincha durante a recessão. Certamente, os riscos são maiores. Afinal, o comprador provavelmente fará suas aquisições na esperança de uma reviravolta na economia. Isso sempre acaba acontecendo, mas resistir à tempestade pode custar caro.

Já as fases de prosperidade econômica podem ser boas notícias para os vendedores. O otimismo leva as pessoas a investir mais. Mas a elevação do preço de compra geralmente implica mais dívida para o comprador e, se o otimismo provar-se infundado, comprar uma empresa com uma dívida significativa e a partir de uma avaliação insuficiente poderá levar o comprador a vendê-la novamente. Uma empresa em dificuldades em um cenário econômico pouco promissor é a pior de todas as situações para o vendedor.

De qualquer modo, esteja a economia em fase boa ou ruim, os compradores querem ter certeza de que dispõem de dinheiro suficiente em mãos para cobrir não somente a compra, mas também a costumeira queda inicial que acompanha o período de transição da nova administração.

O Risco de Não Vender

Imagine colocar uma empresa à venda e não receber nenhuma oferta, ou receber propostas irrisórias. O que deu errado? Talvez você esteja pedindo um preço alto demais. Nesse momento, o vendedor deve analisar novamente o valor definido e reconsiderar as hipóteses usadas nas projeções de vendas futuras. Tais premissas eram realistas? Se o proprietário ainda quiser vender, terá de pensar na hipótese de abaixar o preço ou de retirar a empresa do mercado. No primeiro caso, o proprietário deverá fazer uma autoanálise; no segundo, evitam-se prejuízos irreversíveis.

Apresentarei alguns estudos de casos para facilitar a compreensão de alguns dos conceitos aqui discutidos. O primeiro deles é bastante ilustrativo.

Caso Nº 1 — Walter, Peter e Anian

Walter tinha uma rede de três salões de bronzeamento em uma pequena cidade com cerca de 500 mil habitantes. Ele fez bastante propaganda e, desse modo, pessoas das cidades vizinhas também tomaram conhecimento da Sunsation Tanning. Com salões montados em locais estratégicos, o futuro parecia bastante promissor para os negócios, por assim dizer.

Walter desenvolvera a empresa de forma a permitir que se dedicasse a outras atividades e admitira Peter como gerente geral dos três salões. Agressivo e confiante em suas habilidades, Peter insistiu na ideia de que um dia poderia adquirir participação na propriedade da empresa. Walter concordou, mas, apesar da aceitação inicial, as negociações não tiveram início e os termos para tal aquisição não foram sequer discutidos.

Capítulo 1

Pouco tempo depois, Walter mudou os planos em relação aos negócios. Uma oportunidade de ser proprietário de uma empresa ainda mais lucrativa e com potencial muito maior simplesmente caíra dos céus. Para aproveitá-la, ele teria de vender a Sunsation Tanning, a fim de gerar recursos suficientes para o pagamento inicial do novo negócio.

Walter decidiu colocar a Sunsation Tanning à venda discretamente. Sua intenção era não chamar a atenção para que ninguém tomasse conhecimento de seus planos futuros nem os impedisse. Sendo assim, não comunicou sua decisão a Peter nem ao gerente do banco, nem aos assessores mais próximos.

Dona de uma rede de cinco salões de bronzeamento no sul do estado, Anian era uma mulher de negócios pragmática, sempre interessada em fazer negócios. Quando Walter a procurou para tratar de uma venda em sigilo, ela respondeu com interesse. Com um aperto de mãos, concordou em manter a negociação em segredo. Na verdade, Anian queria ver os livros contábeis para descobrir como Walter conseguira expandir tão rapidamente.

Depois de analisar os livros, Anian deu dois telefonemas desastrosos. Primeiro, ligou para o gerente do banco em que a Sunsation Tanning era correntista exigindo as mesmas condições favoráveis concedidas a Walter para a compra de equipamentos. O gerente ficou furioso por Walter ter quebrado a relação de confidencialidade que havia entre eles. Em seguida, Anian ligou para Peter perguntando se ele trabalharia para ela. Foi assim que Peter descobriu que a empresa em que ele teria uma participação como proprietário fora colocada à venda. Peter ficou furioso com Walter, pois considerou tal atitude uma traição.

Peter e o gerente do banco recusaram-se a fazer negócios com Walter novamente. Peter pediu demissão de modo tão alarmante e pouco profissional que outros funcionários sentiram-se motivados a fazer o mesmo. O gerente cobrou várias notas promissórias de Walter, forçando-o a encontrar formas alternativas de financiamento e aniquilando suas esperanças de fechar outros negócios com os quais vinha sonhando.

Walter quase perdeu a empresa por causa desse rompimento. Ao deixar a Sunsation Tanning, muitos funcionários levaram consigo clientes regulares. Alguns dos melhores funcionários entraram em dois novos salões concorrentes, que Anian abrira na cidade.

Para não fechar a empresa, Walter teve de garantir aos funcionários que ficaram que eles não perderiam o emprego, que a empresa não estava à venda e que a manutenção dos empregos era tão importante para eles quanto para Walter. Demorou quase um ano, mas Walter se reergueu. Esse episódio ensinou uma lição muito importante sobre a confidencialidade necessária na venda de uma empresa e o cuidado que se deve tomar para escolher os compradores potenciais corretos.

Como acabamos de ver, a venda de empresas não afeta apenas compradores e vendedores. Clientes, fornecedores e funcionários podem tomar conhecimento da possível venda e as reações emocionais são inevitáveis. O medo do futuro pode fazer com que as pessoas comecem a procurar novos fornecedores, clientes e empregos. O efeito colateral pode ter longo alcance sem que o proprietário nem sequer suspeite do que está acontecendo. Portanto, os vendedores devem ser proativos desde o início. Os acordos de confidencialidade são indispensáveis para garantir que apenas os estritamente interessados tenham conhecimento do negócio. Tal acordo deve ser feito por escrito e, se possível, incluir uma cláusula de perdas e danos em caso de divulgação não-autorizada de informações sigilosas. Entretanto, esse tipo de cláusula contratual oferece pouca proteção ao vendedor. Quando os demais tomarem conhecimento, ou quase isso (e esteja certo de que eles saberão de uma possível venda), o vendedor deverá iniciar uma série de conversas para aliviar as tensões. Sua história deve ser clara e coerente, pois seus funcionários esperam ouvir algo razoável, animador e sensato.

Como Lidar com uma Venda Fracassada

Se a venda não se concretizar e for necessário tirar a empresa do mercado, o proprietário terá de conversar com os envolvidos, tranquilizando-os quanto a seu compromisso com a empresa e a seus planos de sucesso no futuro. Qualquer impressão de fracasso transmitida pelo dono levará os demais a um período de incertezas. Todos nós sabemos que a incerteza leva ao medo; que leva à tentativa de se agarrar a qualquer coisa para sentir-se seguro. Nessa luta pela segurança, clientes, fornecedores e funcionários podem encontrar novas oportunidades e deixar o proprietário para trás.

Para apaziguar os receios dos clientes depois de desistir da venda, o proprietário deve dobrar seus esforços no atendimento aos clientes. É provável que a maioria dos clientes nem tenha ouvido falar sobre tal venda, mas não há como distinguir os que sabem dos que não sabem. O bom atendimento nunca é prejudicial e torná-lo uma prioridade não só convencerá os que souberam que você reassumiu a empresa, como também aumentará a fidelidade dos que nunca ouviram falar sobre uma possível venda. Se alguém perguntar sobre a venda, seja sincero, mas não entre em detalhes. Os clientes precisam de segurança, não de uma lição sobre capitalismo. Como dizia Henry Ford, "Nunca reclame, nunca explique".

Capítulo 1

O efeito colateral com os fornecedores pode trazer consequências financeiras. A maioria deles desenvolve relacionamentos com os clientes com base em recompensas em longo prazo. Podem oferecer bons acordos de crédito, na esperança de manter o cliente por um bom tempo. A notícia de que uma empresa está à venda torna essa expectativa menos provável. Não pense que a desistência da venda trará algum alívio nesse sentido, pois os fornecedores talvez encarem a empresa como um investimento em curto prazo (ficarão pensando se o proprietário ainda está tentando vendê-la, questionando seu comprometimento). Isso vale especialmente para pequenas empresas, cujos relacionamentos são mais diretos. Os proprietários podem sentir algum ressentimento por parte dos fornecedores, por imaginarem que foram os últimos a saber. Para você, talvez eles não tenham nada a ver com isso, mas para eles não é bem assim. Sua empresa representa negócios para seus fornecedores. Analisar a questão do ponto de vista deles o ajudará a entender a dinâmica envolvida.

Os funcionários certamente sentirão um alívio ao saber que a empresa não está mais à venda, mas poderão ter o mesmo sentimento dos clientes e fornecedores, colocando em dúvida a lealdade do proprietário. Quando isso acontece, o nível de fidelidade dos funcionários tende a diminuir, pois acabam se voltando para proteger a própria pele. O moral da equipe também pode ser atingido. Os proprietários devem pensar na ideia de promover uma festa ou uma viagem com o grupo para revigorar a empresa.

Não importa que atitude o proprietário tomará, o dano já foi feito. No final das contas, permanece o risco de a desistência da venda custar mais do que a venda a um valor abaixo do solicitado. No próximo capítulo, veremos estratégias para compradores e vendedores.

Dicas do Pai Rico

- Conheça seus pontos fortes e fracos antes de comprar uma empresa.
- Esteja preparado para aceitar total responsabilidade pessoal pelo sucesso ou pelo fracasso da empresa.
- Se pretende vender sua empresa, saiba das repercussões que uma venda fracassada trará.

Capítulo 2

Compradores e Vendedores

Estratégias para o Comprador e Estratégias para o Vendedor

Como em tantas outras coisas na vida, os processos de compra e venda também seguem o velho ditado: quando um não quer, dois não brigam. Corretores, contadores, advogados e outros especialistas certificam-se de que está tudo em ordem para que você não tenha problemas. Mas, sem um comprador interessado e um vendedor motivado, não há negócio. E essas duas partes devem ter mais em comum do que imaginam.

Tanto o comprador quanto o vendedor desejam que a venda se concretize da maneira mais tranquila e rápida possível. Não querem uma negociação tão longa a ponto de se desintegrar, tampouco constatar que vazaram informações sobre o negócio durante o processo. Por fim, nenhum deles deseja o fracasso da empresa.

Com tantos fatores em comum, como algo pode dar errado? Simples: compradores e vendedores falam idiomas diferentes. Cada qual procura indícios diferentes, decifra nuances muito distintas e vê o processo todo sob diferentes perspectivas. Exatamente como as coisas devem ser. O ceticismo amigável é o ideal em todas as transações antagonistas. O ex-Presidente americano Ronald Reagan costumava aconselhar o então premier soviético, Mikhail Gorbatchev, com a frase "confie, mas verifique". Os Estados Unidos estavam dispostos a acreditar no que os russos diziam, desde que antes pudessem verificar a veracidade.

Não é preciso dizer que os desejos e as necessidades de compradores e vendedores geralmente são antagônicos. De modo geral, o comprador observa a estrada que tem pela frente. Todas as discussões passam pela triagem dos objetivos futuros. Por outro lado, o vendedor observa tudo pelo espelho retrovisor, filtrando todas as discussões de acordo com o contexto histórico. Embora estejam na mesma sala, ambos ouvem o mesmo assunto de modo diferente, por causa de suas diferentes perspectivas. Com isso em mente, tentar analisar através do filtro do outro pode tornar o processo todo muito mais claro.

Saiba para quem está falando. O processo é uma prova tanto para o comprador quanto para o vendedor. O comprador quer convencer o vendedor de que possui recursos morais e financeiros suficientes para honrar as obrigações contratuais. O vendedor quer convencer o comprador de que sua empresa é a melhor oferta que ele encontrará no mercado. É importante ter em mente quem é seu interlocutor para oferecer-lhe o que deseja.

Caso Nº 2 — Paris e Richard

Paris era uma promissora corretora de imóveis atuando em uma área próspera. Atraíra um número de seguidores oferecendo um excelente atendimento especializado e envolvendo-se em cada comunidade da cidade. Notadamente agressiva em suas negociações, Paris trabalhava para uma grande corretora nacional, mas estava disposta a abrir seu próprio negócio. Em vez de fundar uma nova imobiliária, estimou que, com a compra de uma empresa já estabelecida, ganharia dez anos — o tempo geralmente necessário para estabelecer o bom nome de um novo negócio no mercado.

Richard era dono da Piedmont Realty, que contava com três escritórios bem montados, trinta corretores e que estava no mercado por mais de 14 anos. Richard pensava em se aposentar, mas se preocupava com o futuro de seus corretores, a quem tratava como uma família. Quando Paris o procurou para propor-lhe a compra, Richard hesitou, pois não tinha segurança de que Paris seria a pessoa certa para dar continuidade à tradição familiar da Piedmont Realty.

Entretanto, o advogado de Richard o incentivou a considerar o interesse de Paris e explicou que, caso Richard se aposentasse sem vender a empresa, seus corretores acabariam se dispersando de qualquer forma. Ao menos valeria a pena ouvir a proposta de Paris.

O advogado de Richard elaborou um contrato exigindo que Paris mantivesse a transação em sigilo, sem falar com nenhum dos corretores, fornecedores ou clientes de Richard sobre a possível compra. Paris teve permissão para analisar os livros e registros contábeis de Richard e para conversar com o auditor interno da empresa. Paris poderia analisar tais documentos fora do horário comercial, acompanhada de Richard, e tinha um prazo de duas semanas para finalizar a fase de diligências (investigações) a respeito da Piedmont Realty. Richard não queria perder muito tempo e dinheiro em uma transação na qual não acreditava.

Onze dias depois, concluída a análise dos principais documentos e dos procedimentos do escritório, Paris encontrou-se com Richard, dando início a um posicionamento decisivo. Logo de cara, Paris salientou que a Piedmont Realty não entrara na era da informática. Apenas metade dos corretores usava a internet, ninguém trabalhava em rede, a empresa não tinha site e ninguém possuía um endereço de e-mail confiável na empresa. Paris disse a Richard que, para deixar a Piedmont Realty de acordo com os padrões atuais da tecnologia da informação, seriam necessários US$50 mil. Em seguida, acrescentou que o preço de venda acertado sofreria um abatimento desse montante, visto que Paris teria de fazer tal investimento para trazer a Piedmont Realty para o século XXI.

Richard ficou ofendido com essa jogada de abertura e, nada satisfeito com a abordagem de Paris, foi direto ao assunto. Três dos principais corretores da Piedmont Realty eram funcionários de longa data: Cowboy, Jimmie e Evalynn ajudaram Richard nos tempos bons e nos ruins e ele queria ter a garantia de que os três permaneceriam se assim desejassem.

Paris processara todos os números. Contabilizando-se todos os custos indiretos e administrativos e dividindo-os pelo número de funcionários, cada corretor teria uma meta mensal de US$3.500 para que a Piedmont Realty chegasse ao ponto de equilíbrio. Apenas Cowboy vinha atingindo essa cifra mensal. A empresa estava perdendo milhares de dólares ao ano mantendo Jimmie e Evalynn, que haviam se tornado corretores menos produtivos, ocupando vagas que geravam custos para a empresa. Paris disse que lhes daria um prazo de seis meses para um aumento de produtividade acima do ponto de equilíbrio. Se falhassem, suas posições seriam cedidas a corretores mais agressivos.

Isso era tudo o que Richard precisava ouvir. Naquele exato instante, decidiu que nunca venderia a empresa a Paris. Preferiria perder dinheiro e permitir que a empresa murchasse lentamente, caso esse fosse seu destino, a estabelecer (ou deixar que alguém estabelecesse) metas de produção aos principais funcionários que ali trabalhavam por tanto tempo.

Paris, por sua vez, partiu para o próximo vendedor. Embora compreendesse a lealdade de Richard a seus funcionários, era uma compradora impassível, que jamais seria dona de uma empresa se não tivesse total liberdade de demitir quem quer que fosse. Se Richard não era capaz de colocar seu ego e emoções de lado para finalizar uma venda, tudo bem. Paris não agia de maneira emocional e procuraria outra oportunidade.

Como mostra esse caso, é comum que os objetivos do comprador e do vendedor sejam muito diferentes. É melhor dedicar um pouco de tempo — uma investigação de duas semanas, por exemplo — e verificar se as diferenças são tão grandes que não possam ser superadas do que perder meses a fio na tentativa de chegar às questões principais que interessam tanto ao comprador quanto ao vendedor. Essa estratégia permitiu a Paris chegar ao âmago da questão e seguir seu caminho, além de evitar que ambos pagassem as altas despesas legais advindas da venda de uma empresa. Compreender e atingir os objetivos de cada parte antes de fechar o negócio pode ajudar na concretização de uma venda bem-sucedida. Quanto maior a demora em abordar os objetivos principais, maior a probabilidade de que eles acabem explodindo no final, podendo colocar por terra a venda, além de ocasionar grande perda de tempo e dinheiro no processo.

O Vendedor

O vendedor procura um comprador. O ideal é que o candidato à compra não seja seu concorrente, que não o perturbe após a venda e que faça uma oferta irrecusável. Como há uma possibilidade de você acabar trabalhando para o novo proprietário no período de transição após a venda, é preciso também avaliar se vocês conseguirão trabalhar juntos no futuro.

Deixe seu ego fora da venda. Todo comprador encontrará imperfeições na sua empresa — essa é a missão dele. O novo proprietário precisa saber como melhorar o negócio e certamente desejará trabalhar de modo diferente para aumentar o sucesso da empresa. Não encare isso como algo pessoal.

Quanto antes você se desprender da empresa, mais rápido será o início das verdadeiras negociações e mais rápida será sua vitória. O ideal é que você comece a se desligar emocionalmente antes mesmo de a venda começar a ser concretizada. Afinal, o melhor negócio para a empresa nem sempre é o melhor para seu "eu". Separe as coisas, e as chances de sucesso serão bem maiores.

Lembre-se de que o comprador visa ao futuro enquanto o vendedor olha para o que já aconteceu. Como atual proprietário, você poderá usar seu conhecimento do passado para ajudar o comprador a ver quão promissor pode ser o futuro. Quanto melhor o passado, mais promissor o futuro. Livros contábeis atualizados e minuciosos andam lado a lado com a produtividade de uma venda lucrativa.

Você precisa ser capaz de entender não só o que torna uma empresa viável para a compra, mas também como apresentá-la para que as pessoas também vejam tais benefícios. Obviamente, todos os relatórios financeiros devem ser claros e atuais, mas outros documentos, como uma versão atualizada do manual de políticas da empresa, também são de grande ajuda. É necessário formalizar todos os procedimentos e normas. Quanto mais informações escritas estiverem disponíveis, mais fácil será superar as objeções do comprador (ou pior ainda, as do advogado dele) no sentido de que a empresa não é sólida. Se você já tiver em mente que venderá a empresa no prazo de dois anos e ainda não começou a colocar tudo em ordem e por escrito, comece já! A data dos documentos deve indicar que essa é uma prática antiga da empresa. O fato de a primeira versão de cada um deles ter sido emitida no mês anterior ao das negociações de venda pode ser usado contra você.

Alguns documentos úteis são:

- Manual de políticas da empresa para os funcionários — fatores como política de férias, licença por motivo de doença, horas extras, seguro, normas de vestuário etc. devem estar estabelecidos por escrito. (Mas não se esqueça de tomar o cuidado de não criar um contrato de trabalho com os funcionários que possa servir de base para uma ação trabalhista no futuro. Peça ajuda a seu advogado para elaborar um manual de maneira favorável à sua empresa.)
- Manual de procedimentos no trabalho — instruções detalhadas, passo a passo, sobre como as várias tarefas são realizadas.
- Contratos com clientes. Coloque tudo por escrito. Um bom contrato padronizado pode livrar as pessoas de muitas dores de cabeça, inclusive você. Se houver questões que envolvam desempenho, um bom contrato servirá de guia para ações futuras.
- O contrato social e os estatutos atuais da empresa devem estar devidamente registrados junto aos órgãos competentes.
- Ata de cada decisão importante da empresa.
- Livros de atas das reuniões de diretoria e das assembleias de acionistas.
- Toda a documentação fiscal, inclusive declarações de imposto de renda.

É melhor antecipar-se a todos os fatos à medida que for tomando conhecimento deles. Se estiver em dúvida sobre revelar alguma informação, revele-a.

Capítulo 2

Quem vende a empresa nunca é processado por falar demais, mas sim por omissão. Advogados adoram falar sobre casos que envolvem falsidade ideológica ou declarações enganosas na venda de uma empresa. Coloque-se no lugar deles e perceba que eles o têm como vendedor e detentor de todas as informações sobre a empresa. Resumo: conte tudo.

O Comprador

Os compradores analisam os vendedores, os ramos de atividade e a empresa que está à venda. A compra de uma empresa requer preparação, conhecimento e um pouco de fé. Se você fizer bem uma coisa na primeira e na segunda vez, será mais fácil repetir o bom desempenho em uma terceira oportunidade. Durante toda essa preparação e busca de conhecimento, tenha em mente que o processo de aquisição pode levar até seis meses. Em alguns casos, a finalização pode levar vários anos. Ainda não chegou o momento de deixar suas atividades diárias de lado. Na verdade, mesmo depois da assinatura de toda a papelada e da concretização da compra, talvez seja prudente continuar nas duas atividades, se possível até que os ganhos com o novo empreendimento substituam os antigos rendimentos. Se não for possível acumular as duas funções (por exemplo, se os horários não permitirem), certifique-se de que suas condições financeiras aguentarão o impacto da perda de receita.

Se você não for especialista no ramo em que pretende entrar, torne-se perito no assunto. Ao menos tente. Faça cursos, leia muito sobre o assunto, faça perguntas a várias pessoas que trabalham na área ou tente um emprego temporário no setor. Gaste o tempo necessário para tornar-se especialista no novo negócio. Adquirir uma empresa pode ser um processo bem parecido com o de ser pai pela primeira vez. Quando finalmente estiver no comando da empresa, não terá tempo para mais nada — nem para ler livros sobre como educar os filhos. É melhor aprender a lidar com as emergências que ocorrerão no meio da noite antes que elas efetivamente aconteçam.

Se você for especialista no setor, mas não conhecer bem as práticas comerciais atuais, talvez seja interessante frequentar alguns cursos indispensáveis, em áreas como marketing, contabilidade e direito. Faculdades e universidades locais são um excelente recurso, mas existem outras fontes de pesquisa. Verifique se há um escritório do SEBRAE (Serviço Brasileiro de Apoio às Micro e Pequenas Empresas) na sua região. Você pode acessar o site do SEBRAE em www.sebrae.

com.br para conhecer os cursos e os serviços de apoio e consultoria gratuitos. Aproveite esses recursos, pois foram desenvolvidos para isso.

Não menospreze a importância de um mentor. Pesquise em sua rede de amigos e familiares se há alguém bem-sucedido no setor em que você deseja ingressar e não tenha receio de pedir ajuda. A maioria das pessoas não se importa em ser considerada especialista no assunto. Na verdade, ficam muito orgulhosas, pois um convite assim pode ser uma boa "massagem no ego". Você ficará surpreso com a quantidade de profissionais dispostos a ajudar uma pessoa aberta e honesta que está ingressando em uma nova atividade.

A compra de uma empresa envolve mais do que responsabilidades financeiras. Você está apostando todas as suas fichas. Sua reputação, suas finanças, o futuro de sua família e o da equipe estarão ligados ao novo empreendimento. Não deixe de fazer um planejamento estratégico antes de começar a procurar uma empresa para comprar. Estes são alguns dos aspectos a serem considerados:

- Por que você quer comprar uma empresa?
- Você pode fazer algo para melhorar sua situação atual em vez de comprar uma empresa?
- Se a aquisição implicar o fechamento ou a expansão de seus negócios atuais, qual será o impacto em sua empresa atual?
- Com que estratégias financeiras ou de financiamento você conta para efetuar a compra?
- Você tem (ou terá) tempo e dinheiro disponíveis para assumir o novo empreendimento?

Quando começar a avaliar as empresas, analise o seguinte:

- A empresa está situada em um local onde você quer morar?
- Quais são as tendências do setor?
- A reputação da empresa ajudará ou arruinará sua reputação pessoal?
- O que você pode fazer para melhorar a empresa?
- Qual é o diferencial da empresa?
- Que funcionários você manteria na empresa após a compra?
- A empresa segue uma direção que tem a ver com você?

Capítulo 2

Ao restringir as alternativas, chegando a algumas empresas-alvo, você poderá fazer análises e avaliações mais aprofundadas. Não se esqueça de fazer pessoalmente uma verificação redobrada de todos os fatos. Nunca acredite apenas na palavra do vendedor. A fase de diligências para a confirmação da veracidade dos dados para a compra pode demandar tempo e dinheiro, mas é absolutamente necessária. Confie, mas verifique.

Ganha/Ganha

Durante as negociações, é fácil desenvolver uma certa distorção no campo de visão, geralmente causada pelos cifrões. Cuidado. Embora os números sejam importantes (o vendedor deve ganhar o suficiente no acordo para cobrir, no mínimo, os custos; já o comprador precisa garantir que não está dando um passo maior que as pernas), o negócio envolve muito mais do que dinheiro.

Os contratos devem funcionar tão bem na prática quanto no papel. As repercussões de uma venda fracassada podem ter longo alcance e duração.

Caso Nº 3 — John e Jeff

John era o proprietário de uma lucrativa empresa de encanamento, a John's Plumbing & Drain, com mais de vinte anos de serviços prestados e boa reputação na cidade. Não eram os encanadores mais baratos, mas prestavam serviços excelentes. John sabia que um grande segmento do mercado pagaria um pouco mais por serviços de qualidade.

John estava pensando em se aposentar e, para sondar o terreno, pediu para um corretor especializado apresentar-lhe algumas das consultas recebidas para a compra de empresas. O assunto deveria ser mantido em sigilo. John não gostaria que seus funcionários, especialmente os encanadores que trabalhavam por empreitada, soubessem sobre a possibilidade da venda antes da hora certa.

Em questão de dias, o corretor apresentou a John a proposta de Jeff, que começara a vida profissional como aprendiz de encanador e que se firmara no ramo de construção civil. Jeff já ganhara um bom dinheiro construindo casas, mas, em virtude dos altos e baixos inerentes ao setor, decidiu comprar uma empresa já estabelecida para gerenciá-la e obter lucros nos vinte anos seguintes.

John concordou em se encontrar com Jeff para conversar sobre o acordo. Inicialmente, Jeff pagaria US$1 milhão pela empresa: US$500 mil adiantados e o restante seria acertado em sete anos, a uma taxa de juros de 10% ao ano, através de uma nota promissória. Desse modo, John receberia cerca de US$8 mil mensais por um período de sete anos após sua aposentadoria. Se, por algum motivo, Jeff deixasse de pagar alguma parcela, John teria o direito de antecipar a cobrança total da nota. Se Jeff não conseguisse refinanciar o montante ou pagá-lo integralmente, John teria a empresa de volta.

Quanto mais se reuniam, mais claro ficava para John que Jeff não tinha a experiência necessária para conduzir as atividades diárias de uma empresa prestadora de serviços. Como empreiteiro especializado, Jeff tinha de coordenar vários subempreiteiros e garantir que os corretores vendessem as casas no tempo oportuno. Jeff não tinha muito relacionamento direto com os clientes. Além disso, John ficou preocupado com alguns comentários de Jeff acerca do tratamento dispensado aos funcionários. Sua abordagem estava mais para o tipo "se não estiver contente, a porta da rua é a serventia da casa" do que para conversas conciliadoras. John sabia que esse estilo talvez funcionasse com subempreiteiros, mas não daria certo com encanadores que trabalhavam por empreitada. Os encanadores geravam receita para a empresa e não era nada fácil substituí-los. Todo esforço era pouco para mantê-los felizes e gerando lucros.

John lembrou-se de como um amigo, que planejava se aposentar, vendeu sua empresa de HVAC (sistemas de aquecimento, ventilação e ar-condicionado) a um empreendedor que não sabia como lidar com comerciantes. Com um acordo semelhante ao que seria firmado entre John e Jeff, esse amigo receberia um pagamento adiantado e liquidaria o restante em prestações. Sabe o que aconteceu? O empreendedor se indispôs com os melhores talentos em HVAC da empresa e alguns meses depois esses profissionais estavam empregados na concorrência. Sem os profissionais mais talentosos, a empresa sofreu abalos, a qualidade dos serviços caiu, a propaganda negativa espalhou-se com muita rapidez e o comprador não honrou a dívida assumida com o antigo proprietário. Em consequência, o amigo de John retomou o negócio, assumindo a direção de um empreendimento que já fora sólido, mas que quebrara em apenas seis meses, por causa da má administração. O tal amigo passou o resto da vida tentando reerguer a empresa para vendê-la outra vez. Infelizmente, morreu trabalhando.

John não queria ter o mesmo fim e sabia que, se a venda não fosse um sucesso para ambas as partes, ninguém sairia ganhando. Ele via claramente que Jeff não tinha experiência na gestão de uma empresa de serviços hidráulicos. Com o provável fracasso de Jeff, John não sairia ganhando. Em suma, John sabia que teria de reassumir a empresa em condições totalmente desfavoráveis.

John pediu para o corretor cessar as negociações. Jeff ficou furioso, rogou praga e ameaçou processar John, pois nunca entendeu o grande favor que John lhe havia prestado.

Um bom negócio só é de fato vantajoso quando é seguro para os dois lados. O comprador precisa sentir-se à vontade para aceitar os conselhos do vendedor a respeito da segurança do acordo. Entretanto, essa confiança não deve interferir no ceticismo saudável. O comprador precisa verificar com cuidado cada informação recebida, mas também deve ouvir o que o vendedor tem a dizer. Talvez ele fale algo diretamente ou através de comentários repentinos ou indiretos, que indiquem seus verdadeiros sentimentos. Quer sejam diretas, quer sejam indiretas, ouça as dicas do vendedor. Mesmo que ele esteja sofrendo pressão do cônjuge ou de um sócio para vender, fique atento quanto a pequenos indícios de que você não é o comprador certo ou de que esse negócio não serve para você.

A confiança é importante em uma negociação e é absolutamente necessária ao processo de discussões ganha-ganha. Ambas as partes devem sentir-se à vontade para dar sugestões e buscar resultados seguros. Entretanto, mesmo em situações em que há confiança, os ânimos podem se exaltar. Nesses casos, simplesmente adie falar sobre assuntos polêmicos até que todos estejam de cabeça fria. Lembre-se de que o objetivo é conseguir o acordo mais seguro possível, não só aquele que represente mais dinheiro em um primeiro momento.

Aprendendo a Ouvir

Nunca é demais enfatizar a importância de saber ouvir.

Um antigo provérbio diz que Deus nos deu dois ouvidos e somente uma boca para que pudéssemos ouvir duas vezes mais do que falamos. Esse é um excelente conselho a ser seguido no processo de aquisição e alienação de uma empresa. Comprador e vendedor devem ouvir atentamente para identificar as motivações básicas e as possíveis quebras de contrato no futuro. Faça perguntas diretas, mas também fique atento às respostas indiretas.

Como comprador, ouça o motivo pelo qual o vendedor está interessado em se livrar da empresa. Qualquer motivo é razoável e pode ser aceito sem grandes preocupações. Contudo, cuidado com as informações ocultas. O vendedor sabe de algo prestes a acontecer que poderá prejudicar a empresa — um forte concorrente que se estabelecerá em breve na vizinhança, uma mudança na tecnologia que poderá tornar a empresa obsoleta ou novas patentes a serem liberadas em pouco tempo? Pergunte. Fale sem rodeios, seja curioso, ouça com atenção as razões oferecidas pelo vendedor. Pese cada argumento em relação ao que você sabe sobre essa pessoa. Se tiver dúvidas, garanta, por escrito, que a omissão de informações que possam afetar a futura lucratividade da empresa configura quebra de contrato e implica a devolução de todo o dinheiro recebido pela venda da empresa. Essa atitude deve causar alguma confusão, mas também deve fazer com que a informação desejada apareça.

Confiança/Intuição

A confiança durante as negociações é crucial. No entanto, não é algo que se coloca na mesa. Confiança é um sentimento que se adquire. Ao verificar mais de uma vez cada fato, o comprador passa a confiar no vendedor e vice-versa. À medida que o processo continua, ambos chegarão a um nível confortável em razão da idoneidade do outro. Se não conseguir confiar na pessoa que está do outro lado da mesa, desista. Faça pesquisas exaustivas, siga sua intuição e nunca tenha medo de desistir de um negócio duvidoso. Repito: vence quem tem menos apego. Se sua intuição disser que esse não é o negócio certo, peça licença, levante-se e vá embora sem remorso ou arrependimento. Melhores oportunidades virão.

Quando se trata de confiança, é fundamental confiar em sua equipe de consultores.

Dicas do Pai Rico

- Coloque-se no lugar de seu oponente. Entenda suas necessidades e seus anseios em relação ao negócio.
- Vá direto às questões principais concernentes à venda; assim, ambos pouparão tempo e energia em longo prazo.
- Se resolver vender a empresa, mantenha os documentos em perfeita ordem para a execução das diligências necessárias pelo comprador.

Capítulo 2

Capítulo 3

Sua Equipe de Especialistas

Montando Sua Equipe

A compra de uma empresa é uma proposta arriscada mesmo nas melhores circunstâncias. Contudo, tentar entrar nessa sozinho é a pior delas. Credores, compradores e vendedores prestam atenção à estabilidade e às habilidades gerenciais dos oponentes nos processos de venda. Os pontos fracos, ainda que hipotéticos, podem acabar com o negócio. É preciso pelo menos parecer um especialista e o modo mais fácil de alcançar esse objetivo (que também é meio caminho andado para tornar-se um perito) é cercar-se de especialistas. O pai rico de Robert Kiyosaki costumava dizer que trabalhar em equipe e fazer investimentos são esportes coletivos. Reúna uma equipe de consultores de primeira linha e você terá chances muito maiores de vencer.

Antes de aprender a montar a equipe de especialistas, é importante que você compreenda por que tantos profissionais (especialmente os advogados) são vistos como "exterminadores de negócios" quando o assunto é a venda de uma empresa.

Capítulo 3

Caso Nº 4 — Kent e Hank

Kent e Hank eram amigos desde os tempos do colégio. Terminando o ensino médio, entraram na faculdade e voltaram para a cidade, a fim de ingressarem na carreira. Kent havia se formado em engenharia elétrica. Em seguida, obteve MBA e acabou herdando de seu pai a empresa de assistência técnica de aparelhos eletrônicos. Rapidamente expandiu as atividades para a fabricação de componentes eletrônicos, nos Estados Unidos e no exterior. Sob a liderança mais agressiva de Kent, a empresa realmente começou a decolar.

Hank formara-se em direito e começou a trabalhar para um grande escritório de advocacia na cidade. A empresa de Kent foi o primeiro cliente que Hank trouxe para o escritório. Em quatro anos, em vez da habitual carreira de sete anos para alcançar o nível de associado, Hank tornou-se sócio, exclusivamente pelo fato de a empresa de Kent ser um cliente de grande movimentação.

Kent ficou conhecido na região como um empreendedor de sucesso e foi escolhido como o Homem de Negócios do Ano pela Secretaria Estadual da Indústria e da Economia. Além do prêmio, foi aclamado como gênio pelas revistas americanas *Forbes* e *Business Week* e pelo *Wall Street Journal*. Infelizmente, Kent passou a acreditar em sua própria imprensa.

Kent e Hank passavam muito tempo juntos. Kent começara a expandir para novos mercados, pensando em abrir o capital da empresa, sempre procurando os conselhos jurídicos de Hank a cada passo. Kent exigia que Hank dedicasse muito tempo nesse tipo de consultoria jurídica, pois precisava de seus serviços ininterruptamente. Tamanha dedicação era fruto da amizade e da lealdade de Hank, que as considerava fatores muito mais importantes do que seus honorários.

Kent começou a pensar em adquirir uma empresa estabelecida em algum ramo diferente. Sua empresa frequentemente gastava elevadas quantias para conseguir moldes de injeção específicos para seus componentes eletrônicos. Essas negociações eram tão dispendiosas e frustrantes que Kent decidiu comprar sua própria empresa de moldagem de injeção. Hank recomendou prudência, mas Kent preferiu seguir em frente.

Kent encontrou uma empresa que se adequava a seu propósito no sul de Illinois. O negócio contava com excelente histórico comercial e boa reputação no setor. Um dado muito importante: Kent passaria a adquirir seus moldes de injeção com uma economia de 60% em relação ao que vinha pagando.

Hank foi designado para o trabalho de verificação da veracidade dos dados. Todos os documentos, demonstrações financeiras e procedimentos estavam em ordem. Tudo apontava para o bom andamento e a prosperidade da empresa. Mesmo assim, a intuição de Hank dizia que havia alguma coisa errada. Em um jantar, Hank falou-lhe sobre suas vagas preocupações. Kent não deu crédito à intuição do amigo e considerou suas impressões como próprias dos instintos de um advogado para acabar com novos negócios por excesso de zelo. Kent garantiu-lhe que tudo daria certo.

A transação foi fechada e, em quatro meses, Kent ficou furioso com Hank por ter permitido a efetivação da compra. Várias empresas de moldagem de injeção de Taiwan começaram a surgir de repente, com preços 30% menores que os praticados pelas empresas americanas. Ninguém viu como isso começou. O antigo dono disse que não sabia nada a respeito e não havia evidências que provassem o contrário. (Se houvesse, Kent o teria processado imediatamente.)

O fiasco da indústria de moldagem de injeção foi um grande constrangimento comercial e financeiro para a empresa de Kent, adiando seus planos de abrir o capital da companhia por tempo indeterminado. Seu prestígio de gênio dos negócios fora abalado e Kent não suportava isso. Os recortes de jornais e publicações a seu respeito diziam o contrário. Não era, não poderia ser falha dele.

Quem havia sido o responsável pelo trabalho de verificação da veracidade dos dados? Como parte do processo, no quesito descobrir ameaças da concorrência, quem deveria ter descoberto que as empresas taiwanesas preparavam um iminente e maciço ataque ao mercado de moldagem de injeção? Só havia uma resposta: Hank. Kent fez com que seus porta-vozes da imprensa, mestres em distorcer as coisas, espalhassem a conclusão de que Hank era o responsável por todo esse desastre. Kent havia tomado uma decisão errada seguindo os conselhos de Hank. Enquanto Kent continuava sendo um gênio, Hank seria o bode expiatório para sempre.

Hank ficou mortalmente ofendido com as atitudes de seu então amigo. A análise da concorrência deveria ter sido feita pela equipe da empresa. Embora não houvesse nada por escrito, Hank havia alertado Kent sobre o negócio. Hank simplesmente não acreditava que essa história terminasse assim.

Mas as coisas pioraram. O grande escritório de advocacia do qual tornara-se sócio não poderia ostentar uma mancha em sua reputação como a do fiasco da moldagem de injeção. A despeito do fato de seu trabalho ter recheado os bolsos de todos com dezenas de milhares de dólares nos últimos oito anos, Hank foi convidado a sair da empresa. Para seus antigos sócios, a aparência era mais importante que a verdade e a rejeição era mais fácil que a lealdade.

Capítulo 3

A lição desse caso — e posso assegurar que isso já aconteceu milhares de vezes no mundo todo — é que os advogados precisam ser "exterminadores de negócios" por causa da posição que ocupam nas negociações. Hank não ganharia nada com o acordo. Sem dúvida, receberia seus honorários, mas isso aconteceria de uma forma ou de outra. Entretanto, se o negócio fosse um tremendo sucesso, Hank não levaria o crédito nem ganharia um bônus ou outro benefício qualquer. O sucesso era esperado.

Ao mesmo tempo, Hank corria todo o risco das desvantagens. Se as informações cruciais não fossem elucidadas a tempo, se o negócio não desse certo por inúmeras razões técnicas, o advogado seria o culpado. A posição de Hank durante toda a transação foi ficar à espera de ser acusado por todo o fracasso.

Desse modo, para muitos advogados, é mais fácil impedir um negócio ante a menor possibilidade de fracasso do que servir de bode expiatório depois.

Embora sejam justificáveis as críticas que alguns advogados recebem por causa de sua ganância, indelicadeza e ética questionável, é importante saber que a síndrome "aniquiladora de negócios" muitas vezes não tem nada a ver com a personalidade do advogado. Na verdade, é preciso reconhecer que quase todo advogado já enfrentou algum "Kent" no passado: um cliente amigo, para quem trabalhara com afinco, que acabou se virando contra ele quando achou conveniente. Como a maioria dos advogados já teve uma ou mais experiências desse tipo, não tenha dúvida de que esses profissionais são céticos e resistentes, e que mantêm a guarda durante uma negociação de venda. Seus clientes, o público em geral, colocaram-nos nessa posição.

O cerne desta discussão não é angariar apoio para os advogados. Nem Shakespeare, Twain, Hemingway, os escritores mais talentosos do mundo, conseguiriam fazer isso. O objetivo aqui é ajudá-lo a ser bem-sucedido ao efetuar a compra ou a venda de uma empresa. Para tanto, você precisa saber por que os advogados agem como se não quisessem a concretização dos negócios. Sabendo disso, você poderá vencer a resistência deles a seu favor.

Ao entrar na transação de compra de uma empresa, parta do princípio de que todos os advogados envolvidos nas negociações são "exterminadores de negócios", pois não querem cometer um erro pelo qual serão culpados — ou processados por imperícia — no futuro. Como você pode vencer esse tipo de pessoa em uma mesa de negociação?

1. Seja franco. Não esconda nada. Advogados têm antenas de longo alcance que disparam alertas quando o menor dos detalhes não confere. Se você

for evasivo ou furtivo ou se, ao contrário, for escorregadio ou falastrão, o advogado processará essas impressões e as registrará como uma arma contra você. Seja honesto, aberto e direto. Isso não é difícil.

2. Concentre-se no ganha-ganha. Como já foi dito, o acordo só é bom quando funciona para ambas as partes. Avalie as necessidades do outro lado e discuta abertamente seu entendimento da situação. Essa atitude pode parecer nada intuitiva para alguns executivos "duros de aguentar", determinados a não deixar uma lasca sequer sobre a mesa ao final de uma negociação. Mas eu insisto: você está em uma sala cheia de "exterminadores de negócios". Você conseguirá mais aliados por meio de persuasão moderada do que através de confronto hostil. Lutando com teimosia e insensatez por cada centavo, você aumentará exponencialmente as chances de um dos advogados concluir que você é um problema potencial para o futuro. E nós sabemos como eles lidam com a possibilidade de problemas futuros: "Caia fora. Nada feito."

3. Mantenha documentos impecáveis. Você verá o mesmo olhar no rosto de alguns advogados ao receberem um pacote de documentos para a verificação da veracidade dos dados. Você diria até que eles parecem verdadeiramente apaixonados. Se os documentos da sua empresa — contrato social, estatutos, principais contratos, manuais de políticas e procedimentos da empresa etc. — estiverem em perfeita ordem na entrega para a realização das diligências necessárias, você terá feito um grande avanço para vencer a resistência.

O esmero na manutenção dos documentos gerais e da documentação das operações da empresa cria uma impressão extremamente favorável. Não se esqueça de que estamos na fase em que as impressões e a intuição são importantes. Se toda a documentação estiver perfeitamente em ordem, ficará implícito que a organização, os meios e o modo como os negócios são conduzidos também estão. Esse zelo tranquiliza o advogado, que passa a achar que não está levando seu cliente a cometer um erro.

Por outro lado, registros desorganizados talvez sejam o principal fator que leva os advogados a aniquilarem uma negociação. Você ouvirá a mesma ladainha: "Os documentos da empresa são uma bagunça. Como podemos confiar neles?"

Capítulo 3

Tudo bem. Já que aprendemos a lidar com os "exterminadores de negócios", vejamos como montar uma equipe de consultores.

Uma equipe de profissionais que trabalham nos bastidores pode significar toda a diferença entre uma boa venda e um mau negócio. Contudo, a diferença também pode estar na qualidade da equipe. Os verdadeiros especialistas não trabalham de graça e esta é uma situação em que vale o velho ditado: "O barato sai caro." Mas não se impressione com honorários exorbitantes nem com títulos pomposos. Você está no controle e deve decidir quando colocará sua equipe em campo, quando delegará autoridade a esses profissionais e quando tomará suas próprias decisões. Também é necessário saber como escolher o grupo. Veja a seguir algumas orientações para a formação da equipe de especialistas:

1. Procure indicações pessoais. Verifique com pessoas que compraram empresas em ramos semelhantes e pergunte como elas se sentem em relação aos membros da equipe. Use o conhecimento de amigos, parentes e conhecidos. Se não conseguir indicações, procure em associações profissionais. No Brasil, o SEBRAE também oferece consultoria gratuita em várias áreas. Visite o site em www.sebrae.com.br.
2. Faça uma lista de pelo menos três candidatos para cada posição na equipe.
3. Entreviste cada candidato. Não converse por telefone, prefira reunir-se pessoalmente. Você precisa saber se ficará à vontade para trabalhar com essa pessoa. Se algum dos candidatos disser que está muito ocupado ou que não pode encontrá-lo pessoalmente, considere essa atitude como um grande alerta e risque o nome da lista. Não se esqueça de confirmar se essa primeira consulta é gratuita. Perguntar não ofende.
4. A entrevista:

    - Durante a entrevista, preste atenção em como o profissional trata seus funcionários. O candidato tem um estilo de trabalho em equipe compatível com o seu?
    - Observe o escritório. Está tudo organizado? Há algum certificado ou prêmio de associações profissionais exposto por trabalho em equipe?
    - Pergunte sobre a formação e a experiência profissional. Quantos clientes semelhantes a você o candidato tem ou já teve? Há quanto tempo ele exerce a profissão? Ele investe em cursos de re-

ciclagem/aperfeiçoamento? Como esse profissional se mantém atualizado sobre as mudanças em sua área de atuação?

- Apresente suas expectativas e não tenha medo de fazer perguntas. Você não é obrigado a saber tudo; e é por isso que procura uma equipe de especialistas. Entretanto, não tenha receio de um candidato que admite não saber a resposta de uma pergunta, contanto que ele prometa pesquisar a resposta. Esse tipo de honestidade pode ser o sinal de um profissional zeloso.

- Ouça não só o conteúdo das respostas do candidato, mas também fique atento ao tom que ele usa. Sua postura é específica ou vaga? Ele parece sinceramente interessado no seu plano de negócios ou está pensando apenas no dinheiro que embolsará com a consultoria? Você confia nesta pessoa?

- Obtenha ao menos três referências de clientes (peça indicação dos três clientes mais recentes que o profissional atendeu em áreas semelhantes à sua) e entre em contato com eles. Entenda que, por questões de confidencialidade, alguns advogados não poderão dar referências. Se um advogado não puder dar referências, você poderá procurar informações junto à OAB (Ordem dos Advogados do Brasil). Visite a página em http://www.oab.org.br/seccionais.asp para encontrar os dados de contato da seccional de sua região.

- Fomos educados a não falar sobre dinheiro para evitar constrangimentos, e a maioria detesta essa fase do processo de entrevista, mas é absolutamente indispensável. Deixe esse tema por último, mas não deixe de tocar no assunto. Se achar os honorários altos demais, não ataque nem critique o profissional. Apenas tente negociar. Se ele não estiver disposto a reduzir o preço, você pode tentar outra forma de abatimento, como oferecer-se para fazer algumas pesquisas por conta própria. Pergunte sobre as condições de pagamento. Verifique se o candidato pode agilizar o processo para não onerar as despesas. Talvez seja interessante fazer uma certa encenação ao tratar dos honorários, mas não exagere nem perca muito tempo nesse assunto. Lembre-se de que o candidato

Capítulo 3

> também está avaliando você. Se ele sentir que terá algum tipo de problema para receber, desistirá de aceitá-lo como cliente.

5. Quando escolher o profissional, faça um acordo de trabalho por escrito, como uma carta de contratação que defina exatamente o serviço a ser prestado pelo profissional e os honorários que ele receberá em contrapartida. O documento também deve incluir as possibilidades de rescisão entre as partes.

Seguem sugestões específicas sobre os diferentes tipos de profissionais que podem ser necessários. Poucos negócios exigirão a contratação de todos eles. Nos estágios iniciais, um contador e um advogado são suficientes. É importante ouvir outros especialistas também — pessoas que tenham conhecimento e integridade respeitáveis. Mostre-lhes o que pretende fazer e peça a opinião deles. Às vezes, pessoas sem interesse próprio no negócio podem oferecer os conselhos mais úteis e sábios.

Advogado

Um bom advogado deve ser a primeira contratação na equipe do comprador. Um advogado experiente pode ajudá-lo a desenvolver uma estratégia e guiá-lo no complicado processo de aquisição de uma empresa. Sua missão é orientá-lo a encontrar boas oportunidades de negócios.

Não é hora de consultar generalistas. Certifique-se de que o advogado é especializado em vendas e/ou aquisições de empresas e de que entende de direito tributário (melhor ainda é ter um advogado tributarista experiente na equipe e outro profissional com experiência em vendas e aquisições de empresas).

Um dos primeiros documentos que o advogado providenciará é a carta de intenções. Esse documento descreve os objetivos do comprador, mas não representa um vínculo legal entre comprador e vendedor. Seu teor legal consiste nas questões relacionadas à confidencialidade e à concorrência. O comprador não pode revelar o que descobrir durante a fase de diligências da empresa que pretende adquirir, tampouco poderá usar tal documento para tentar fechar um acordo melhor em outro lugar. A carta de intenções é o documento que dá início à transação.

Após a assinatura dessa carta, o advogado deve iniciar a investigação legal da empresa em questão. Se sua intenção for comprar (lembre-se de que até aqui você está apenas procurando; nenhum compromisso foi assumido ainda), seu advogado verificará junto aos órgãos competentes se há algum processo contra a empresa e levantará informações que indiquem riscos de insolvência.

Seu advogado (ou você mesmo, se quiser economizar e souber como proceder) verificará junto aos cartórios de registro de imóveis se algum bem imóvel foi dado como garantia e verificará na prefeitura se há alguma restrição quanto a licenças de funcionamento (inclusive em termos de zoneamento). São extremamente importantes a verificação quanto à situação dos contratos de aluguel (se são válidos e transferíveis) e a averiguação de questões relacionadas à propriedade intelectual e a outras informações sigilosas.

Um bom advogado também pode elaborar uma cláusula que impeça o vendedor de continuar a atuar como concorrente após a venda. Outra cláusula a ser incluída prevê que o vendedor garantirá todas as declarações a respeito das obrigações, dos credores e das contas a receber.

Seu advogado também deve manter contato com o advogado da outra parte do acordo. No andamento da negociação, geralmente o advogado do comprador prepara o contrato de compra. Em alguns casos, as partes deixam que seus advogados façam as negociações. Há vantagens e desvantagens nessa abordagem, conforme veremos posteriormente.

Os termos finais da compra serão definidos com a ajuda do seu advogado para que o vendedor continue na empresa após a assinatura do contrato, a fim de que a transição seja tranquila tanto para você quanto para os clientes, credores, funcionários e fornecedores.

O advogado será sua fonte de orientação jurídica, mas não decidirá nada por você. Na verdade, a menos que seja um homem de negócios bem-sucedido, ele provavelmente não será o profissional mais qualificado a aconselhá-lo sobre negócios. Saiba que nem sempre uma boa orientação do ponto de vista legal constitui um bom conselho comercial. Portanto, é importante que você entenda a diferença entre assessoria jurídica e orientação comercial — a assessoria legal complementa e corrobora a boa orientação comercial, mas a recíproca não é verdadeira. Nesse universo, a ordem dos fatores altera o produto.

Outra pergunta que sempre ouço é quanto ao momento certo de procurar um advogado. Não há uma resposta padrão. Alguns procurarão auxílio desse profissional no estágio da carta de intenções; outros, no momento de preparar o contrato de compra/venda. Contudo, você poderá precisar de um advogado antes dessas etapas. O sentimento de que algum fator está fora de seu alcance ou o simples desejo de um conselho sensato e isento podem ser indicadores importantes de que é chegado o momento de procurar um advogado. Não importa em que estágio do projeto você esteja, não tenha medo de tomar essa atitude.

Contador

A exemplo do que falamos sobre a contratação do advogado, um bom contador é indispensável na compra de uma empresa e deverá ser contratado o quanto antes. Procure indicações positivas de outras empresas. Pesquise quais são as questões contábeis específicas do setor em que a empresa atuará. Um especialista em empresas prestadoras de serviços pode não se sair bem em empresas industriais. O contador também deve ser capaz de explicar questões complicadas em termos simples para ajudá-lo a tomar decisões bem fundamentadas.

Seu contador também deve estar apto a ajudá-lo em seus esforços para levantar capital. Seu contador analisará as demonstrações financeiras da empresa para desenvolver um quadro preciso do fluxo de caixa, das despesas, das receitas, dos lucros, do passivo e do ativo. Esse profissional também poderá ajudá-lo com as projeções futuras a serem apresentadas aos investidores e aos bancos. Todos os relatórios financeiros, desde os orçamentos aos fluxos de caixa, serão preparados pelo contador, que também garantirá a exatidão das demonstrações financeiras.

Como comprador, você só tem a ganhar na contratação de um contador para ajudá-lo quanto à estratégia, antes mesmo de procurar uma empresa para comprar. O planejamento antecipado e as estratégias financeiras que esse profissional oferece podem salvá-lo de alguns erros iniciais. Exatamente como acontece com o advogado, lembre-se de que a função do contador é fornecer informações precisas, aconselhar e ajudar com estratégias, mas nunca tomar decisões por você.

Intermediários na Compra e Venda de Empresas

Esses profissionais atuam de maneira semelhante à dos corretores de imóveis, ou seja, aproximam compradores e vendedores e participam das negociações. Detentores de listas de inúmeros proprietários dispostos a vender suas empresas, seu trabalho consiste em encontrar o negócio certo para as partes, muitas vezes em conjunto com outros colegas. Podem ser contratados pelo comprador ou pelo vendedor (embora geralmente o vendedor os contrate) e são especialmente úteis a compradores que procuram uma empresa de um setor diferente daquele com o qual estão familiarizados. Um bom começo é pedir indicações a advogados, contadores ou gerentes de banco. Muitas vezes, essa função é exercida por instituições financeiras ou por empresas de consultoria.

Para o vendedor, o benefício principal de contratar esses serviços especializados é a confidencialidade. Ele fará as ligações e conduzirá os primeiros contatos com compradores potenciais para você. Desse modo, seus planos de vender a empresa são mantidos em sigilo em relação aos clientes, fornecedores e funcionários. Esse profissional fará uma triagem dos possíveis compradores para averiguar o quanto estão realmente interessados no negócio, bem como para verificar se têm condições de pagar, poupando você da canseira de lidar com curiosos e até concorrentes dispostos a espioná-lo. Um corretor experiente pode aconselhá-lo a estipular o valor que você poderá receber pela empresa e ajudá-lo a estruturar a transação de maneira a minimizar o risco, caso o negócio não se concretize.

Alguns fatores a considerar quando se procura esses serviços:

- Há quanto tempo esse profissional atua no setor?
- Ele tem feito cursos de atualização/aperfeiçoamento profissional (se houver)?
- Por que ele nunca constituiu sua própria empresa?
- Quantos negócios semelhantes ao seu ele já intermediou?

Não deixe de pedir referências e de conferi-las. Pergunte às pessoas que derem referências se elas têm outras pessoas que também possam dar um testemunho quanto à atuação do corretor. Não contrate esse profissional sem entender totalmente o que ele fará por você. Também é importante que você coloque tudo por escrito.

Os bons intermediários não só perguntarão quanto o comprador pode pagar, mas também indagarão quanto aos interesses pessoais e profissionais, além de fazer perguntas sobre obrigações familiares e profissionais. Dessa forma, conseguem determinar mais facilmente o tipo de empresa mais adequado ao comprador. Se o profissional não demonstrar o menor interesse por sua vida pessoal nem por outras influências externas, considere a possibilidade de procurar alguém mais minucioso.

Um bom profissional dessa área pode fornecer informações sobre o setor, o mercado, a gestão e os clientes de sua futura empresa. Não há como obter garantias quanto à exatidão dessas informações, mas elas podem ser um bom ponto de partida em sua investigação. Peça para o corretor indicar suas fontes, a fim de que você possa confirmar os dados. Isso pode ser bem mais rápido do que fazer toda a pesquisa sozinho.

Capítulo 3

Se você for do tipo que coloca a mão na massa, a intermediação talvez seja dispensável. Esses profissionais geralmente têm medo de serem cortados do negócio antes de ganhar a comissão. Na melhor das hipóteses, o corretor ficará relutante quanto a uma reunião direta entre comprador e vendedor, especialmente no início do negócio. Na pior delas, ele simplesmente não permitirá tal encontro. A maioria dos intermediários exigirá que os vendedores assinem um contrato de exclusividade, determinando que ninguém mais terá o direito de vender a empresa durante o período especificado no contrato (geralmente de três meses). Se o comprador ou o vendedor violar o acordo e/ou decidir não concluir a transação, deverá pagar a comissão de intermediação. Entretanto, os vendedores podem e devem pensar na ideia de estruturar o acordo de forma a não pagar a comissão caso efetuem a venda para um comprador encontrado por conta própria.

Outros Profissionais

A maioria dos proprietários de pequenas empresas contrata esporadicamente outros profissionais. Dentre eles, estão corretores de seguro, consultores de marketing, especialistas em propaganda e relações-públicas, corretores de imóveis, arquitetos, designers e empreiteiros.

Os corretores de seguro ajudam a garantir que a empresa não está segurada abaixo ou acima do necessário. Em qualquer um desses casos, as consequências podem ser graves ou até arrasadoras para o empreendedor. Certifique-se de usar os serviços de um corretor, não de um vendedor, e escolha um profissional especialista em políticas empresariais e com experiência em seguros de vários tipos de empresas. O corretor de seguros pode verificar o plano de negócios e avaliar que tipos de seguro serão necessários, bem como seus respectivos valores. Em alguns casos que envolvam empresas maiores, pode ser interessante usar os serviços de um consultor de administração de riscos para analisar as ameaças associadas à empresa e sugerir o nível de cobertura adequado para cada risco.

A cobertura completa, abrangendo todos os riscos da empresa, pode ser extremamente onerosa, mas não tente fazer os cálculos e tomar as decisões sem o apoio de especialistas. Você certamente não vai querer descobrir que não tem a cobertura adequada bem no meio de uma crise, tampouco está disposto a pagar prêmios para coberturas desnecessárias.

Consultores de marketing podem ajudar a pesquisar o potencial de mercado da empresa a ser adquirida e podem ser úteis caso você tenha ficado mais confuso após sua pesquisa inicial. Obviamente, é importante certificar-se de que o consultor tem experiência no setor no qual você pretende ingressar.

Especialistas em propaganda e relações-públicas são bastante convenientes para a transição e durante os estágios iniciais do novo empreendimento. Como a primeira impressão geralmente é a que fica, é melhor não abrir mão de ter uma excelente imagem. Lembre-se de que a venda de uma empresa é um acontecimento digno de nota e o trabalho de um especialista em relações públicas pode ser útil.

Os intermediários na compra de empresas entram em cena quando você decide quanto à aquisição de um negócio específico e podem ajudá-lo a analisar a adequação do local, o potencial de crescimento e o valor de mercado do aluguel. Esses profissionais são especialmente importantes se você estiver comprando uma empresa em uma região que não conhece bem.

Arquitetos, designers e empreiteiros são necessários se você estiver pensando em expandir ou reformar o espaço atual da empresa. Nesses casos, é necessário fazer uma análise de custos e viabilidade antes de apresentar a proposta de compra.

Todos os especialistas mencionados até aqui podem fazer parte de sua lista em algum momento. Você é o treinador e o dono da equipe. Nunca tenha medo de se cercar de especialistas verdadeiramente talentosos. Lembre-se de que a palavra final é sempre a sua. Aceite a ajuda de seus especialistas, mas não os deixe substituí-lo. Com essas estratégias em mente, conte com o especialista certo na hora certa e fará jogadas acertadas.

Agora, vamos falar de confidencialidade.

Dicas do Pai Rico

- Entenda por que os advogados são "exterminadores de negócios" e lide com eles de maneira a superar esses preconceitos.
- É crucial entrevistar e sentir-se à vontade com sua equipe de especialistas.
- Nunca se esqueça de que, embora os especialistas possam aconselhá-lo, a decisão final é sempre sua.

Capítulo 3

Capítulo 4

Confidencialidade

Importância

Em algum momento da investigação, o comprador desejará conversar com funcionários, clientes e fornecedores da empresa que pretende adquirir. Os vendedores dificilmente sentem-se à vontade com isso e têm um bom motivo para tanto. Entrevistas ineptas ou revelação prematura da intenção do proprietário em vender a empresa podem abortar o negócio. Essa situação prejudica o vendedor e o comprador potencial, pois normalmente ambos pretendem que a empresa prospere após a conclusão da transação.

Em primeiro lugar, o ponto mais importante é que os funcionários podem começar a abandonar o navio se souberem da perspectiva de venda da empresa. No mundo atual de constantes *downsizings* (reduções) e dinamização das operações, quase todos os funcionários ficam preocupados quanto à segurança do emprego ao menor indício de mudança na administração. Quando os rumores da venda se espalham, há uma mudança drástica na mentalidade dos funcionários. Os que estão satisfeitos começam a pensar em outras opções, outros objetivos de vida e em diferentes rumos para a carreira. Os insatisfeitos, que continuavam apenas pelo comodismo de receber o contracheque no fim do mês, começam a distribuir currículos, pois a possível venda acarretará eventuais mudanças no cenário de dinheiro garantido no fim do mês. Com essa insegurança, muitos concluem que não têm mais nada a perder e logo começam a procurar outro emprego.

A escala do efeito cascata da debandada de funcionários, mesmo daqueles que estavam descontentes, pode ir de problemática a devastadora. Problemática no sentido de que a maioria dos ramos de atividades é pequena, pelo menos regionalmente, e a notícia de que sua empresa está à venda se espalhará rapidamente. Em breve seus concorrentes usarão o rumor, verdadeiro ou não, contra você. Devastadora no sentido de que a saída dos funcionários talentosos significa um desfalque em termos de qualificação e o potencial comprador poderá desistir de fechar o negócio. A confidencialidade pode celebrar ou aniquilar um contrato.

Em segundo lugar, os clientes de empresas pequenas geralmente são tão leais ao proprietário quanto a seus produtos ou serviços. Se sempre existiu integridade e respeito mútuo entre ambos, os clientes podem considerar o proprietário mais importante do que os produtos e serviços: ele pode ser a alma do negócio. Um novo dono talvez transforme essa química. Nesse caso, o rumor de mudança na direção da empresa pode ocasionar alterações significativas no comportamento dos clientes. Mesmo os clientes satisfeitos começarão a pensar em experimentar novos fornecedores. É melhor tanto para o comprador quanto para o vendedor que nunca os clientes tenham ideias como essas. Quando o vendedor mantém total confidencialidade até o momento certo e depois explica e tranquiliza o cliente quanto ao novo relacionamento, ele consegue ter em mãos uma oferta interessante: uma empresa com clientes. O comprador certamente ficará bastante interessado.

O ideal é que tanto o vendedor quanto o comprador não façam comunicados sobre o negócio até que ele esteja efetivamente concretizado. Assim, cada qual poderá lidar com preocupações concretas, em vez de enfrentar as nebulosas apreensões do desconhecido.

Evite Especulações

A aquisição ou venda de uma empresa é um processo longo e complicado. A última coisa que um comprador quer é um vendedor indeciso. E a última coisa que um vendedor deseja é um comprador que não sabe o que quer. Esse cenário pode causar perdas consideráveis de tempo e dinheiro. Para o bom andamento do negócio, são necessários um vendedor motivado e um comprador interessado. As duas partes devem levar o processo a sério, com sensatez suficiente para ter expectativas realistas e esclarecimento o bastante para saber o que querem. Ninguém quer perder tempo com vendedores e compradores dispostos apenas a especular sobre negócios ou, pior que isso, ansiosos para obter informações gratuitas sobre sua empresa. Se você perceber uma dessas intenções, corte o contato e siga em frente.

O próximo caso é bastante ilustrativo.

Caso Nº 5 — Marie e Frank

Marie tinha uma bem-sucedida panificação em uma grande área urbana, mas começara com uma pequena padaria em um bairro distante. Espalhada a fama de seus confeitos espetaculares, principalmente dos premiados cheesecakes de frutas vermelhas, Marie começou a receber clientes que não se importavam em dirigir uma hora ou mais para visitar a padaria. Para atender à demanda, abriu quatro filiais em toda a redondeza. Devido à enorme procura aos leves e saborosos cheesecakes de frutas vermelhas, Marie fechou um acordo com uma grande rede de supermercados, passando a distribuir o produto em uma região que abrangia quatro estados norte-americanos.

Marie alcançou o sucesso à custa de sacrifícios. Levantava diariamente às quatro horas da manhã para abrir a padaria principal e colocar a produção em andamento. Embora seu marido a apoiasse e fizesse grande parte do trabalho doméstico, Marie não conseguia mais acompanhar o crescimento dos filhos, com 8 e 11 anos de idade na época. Chegara o momento de pensar em vender a empresa ou reduzir sua carga de trabalho, transferindo parte do negócio a um sócio.

Marie conheceu um intermediário, Kevin, em uma reunião da câmara de comércio local. Embora ele fosse um tanto jovem, era carismático, animado e parecia entender de seu ramo de atividade. Marie explicou sua situação a Kevin, que lhe garantiu a possibilidade de analisar compradores ou sócios potenciais confidencialmente e afirmou que não havia necessidade de envolver um advogado naquela altura do jogo. Segundo ele, os advogados de ambas as partes participariam intensamente do negócio apenas após a assinatura da carta de intenções. Seria melhor economizar os honorários advocatícios até que as negociações entrassem em uma fase mais decisiva.

Marie concordou com a estratégia de Kevin e permitiu que ele lhe apresentasse potenciais interessados. O primeiro era um padeiro de Connecticut, chamado Frank, que havia mudado recentemente para a região e estava à procura de uma padaria para comprar. Na primeira reunião, Marie e Kevin perguntaram a Frank se ele dispunha de recursos financeiros para efetivar a compra. Frank enfatizou que contava com o suporte de um banco de investimentos de Wall Street. Quando pressionado, Frank recusou-se a revelar o nome da instituição financeira, alegando motivos de confidencialidade. Marie e Kevin sentiam que Frank estava seguro o bastante acerca de seu financiamento e deram andamento às conversas preliminares.

Capítulo 4

Frank explicou que, como padeiro, os fatores mais importantes para ele eram a qualidade e o frescor dos ingredientes. Não precisava ver as receitas, mas gostaria de examinar como os confeitos eram feitos e como as instalações estavam organizadas para verificar a eficiência da operação. Essa solicitação pareceu razoável a Marie e Kevin, e agendaram a próxima reunião na padaria principal, para que Frank pudesse ver o layout e a produção.

Frank chegou no horário marcado, munido de um bloco de anotações, caneta e um minigravador. Durante o tour, o suposto comprador ficou impressionado com o modo como tudo era feito. Embora conversasse de maneira casual com Marie a respeito do trabalho, suas perguntas indicavam um genuíno interesse em saber como os cheesecakes alcançavam leveza e frescor tão admiráveis. Frank ressaltou que seu investidor o avisara de que, se não conseguisse manter a mesma qualidade apresentada por Marie, não haveria negócio. Diante disso, Marie, que estava gostando da ideia de ter mais tempo para os filhos, começou a passar informações confidenciais sobre o processo de produção.

Concluído o tour revelador, Frank nunca mais apareceu. Kevin ficou desconcertado e não conseguia explicar o desaparecimento de Frank. Marie ficou desconfiada, pois Frank não tinha motivos para desistir do negócio.

Um mês depois veio a resposta. Embora não pudesse provar, Marie descobriu o que acontecera. Uma rede de supermercado concorrente começou a distribuir leves e saborosos cheesecakes de frutas vermelhas com a marca Margo's Cheesecakes. Vendidos um dólar abaixo do preço dos similares de Marie, a novidade tornou-se um sucesso. A rede que comercializava os cheesecakes de Marie começou a se preocupar. A diferença de preço fez com que as vendas das tortas da marca Margo ultrapassassem as de Marie. Consequentemente, a rede exigiu uma redução de preço e Marie não teve outra escolha senão aceitar, diminuindo drasticamente a margem e a lucratividade da empresa. Segundo as estimativas do outro intermediário contratado, a nova estrutura de formação de preços desvalorizou a empresa em muitos milhões de dólares.

Moral da história: tome muito cuidado ao fornecer informações. É aconselhável proteger-se por escrito.

Preparando (e Dissecando) um Contrato de Confidencialidade

A primeira etapa para evitar uso e distribuição não-autorizados dos registros de sua empresa, bem como o acesso indevido a eles, é a elaboração de um contrato de confidencialidade. Ao solicitar que o comprador potencial, antes de mais nada, assine esse contrato, você transmitirá a mensagem sutil, porém intensa, de que está ciente dos seus direitos e preparado para se proteger.

Insistimos em que é fundamental e imprescindível consultar um bom advogado, especialista em direito de empresas e em legislação societária brasileira, para redigir um documento adequado às condições próprias de cada caso. Apenas a título de orientação preliminar, apresentamos abaixo algumas sugestões quanto aos elementos básicos desse documento.

Considerandos (Preâmbulo)

Como preâmbulo do contrato, descrevem a situação e fornecem a estrutura básica do documento. Esclarecem as razões do contrato e indicam seu conteúdo.

Informações Confidenciais

É importante definir, tanto para o vendedor quanto para o comprador, o que são informações confidenciais, sob o ponto de vista do vendedor. Entretanto, também é importante não dar uma definição muito limitada do que sejam dados sigilosos. O uso de termos genéricos, como *"... as informações podem incluir, entre outras..."*, proporciona ao vendedor maior flexibilidade para proteger totalmente suas informações. O trecho *"... informações sobre o vendedor e sua empresa fornecidas ao comprador por terceiros, que também serão obrigados a manter a confidencialidade"* é importante para incluir no conceito de informações confidenciais as decorrentes de possíveis entendimentos do comprador com os fornecedores do vendedor, desde uma simples verificação de referências até a determinação de possíveis mudanças nos produtos e serviços do fornecedor.

Definição de Vendedor

Este parágrafo é importante, especialmente quando o comprador é uma empresa, com funcionários e gerência, ou está sendo representado ou assistido por intermediários ou advogados, a fim de certificar-se de que todas essas outras pessoas estejam vinculadas aos termos do acordo de confidencialidade.

Propriedade e Não-concorrência

Essas cláusulas garantem que o comprador está ciente de que as informações confidenciais são de propriedade da empresa e protegem o vendedor de que o comprador se apodere de suas informações sigilosas e as utilize para criar uma empresa concorrente. Imagine como Marie poderia ter se utilizado desta cláusula em particular para proteger suas receitas de cheesecake e seus processos de produção.

Dados Irreparáveis e Recursos Legais

Aqui confirma-se que sua empresa à venda sofrerá danos resultantes da quebra da cláusula de confidencialidade e adverte-se o comprador de que o vendedor tomará todas as medidas legais para proteger-se contra o uso não-autorizado das informações confidenciais e de que correrão por conta dele todas as custas judiciais e os honorários advocatícios.

Vigência

O objetivo aqui é definir o prazo durante o qual o comprador estará obrigado a cumprir o contrato de confidencialidade. É bastante razoável manter a obrigação de manutenção da confidencialidade bem além da data de encerramento das negociações.

Rescisão do Contrato e Devolução do Material Contendo Informações Confidenciais

Permite-se que qualquer uma das partes cancele as negociações e rescinda o contrato, bem como que o vendedor receba de volta todo o material fornecido ao comprador, mediante solicitação expressa.

Cessão

Cessão, em termos contratuais, significa transferir todos os direitos e obrigações de uma das partes para terceiros. Não é recomendável permitir que outras pessoas ou empresas façam parte deste acordo sem sua permissão por escrito.

Legislação Aplicável

É importante determinar a legislação e o foro para a solução de conflitos. Todos os litígios devem ser resolvidos sob a legislação e o foro mais convenientes para o vendedor, inclusive no caso de arbitragem. Como nos esportes, pense na "vantagem de jogar em casa".

Efeito Vinculante

Em muitos casos, é recomendável deixar claro que o contrato continuará vigente no caso de incapacidade das partes, inclusive no caso de morte, obrigando os herdeiros e sucessores.

Prazos

Convém obrigar as partes a observarem certos prazos. Ninguém quer que o negócio se arraste indefinidamente.

Em suma, esse é um acordo de confidencialidade do ponto de vista do vendedor. Agora, como esse mesmo contrato deve ser analisado do ponto de vista do comprador?

Contando com a sorte, digamos que o instrumento tenha sido redigido de maneira justa e razoável e, partindo do princípio de que você seja um potencial comprador de boa-fé, é pouco provável que essas mesmas condições lhe atribuam obrigações demasiadamente onerosas. Contratos de confidencialidade são elaborados para proteger a empresa do vendedor, não para proibir a aquisição de vários negócios, mesmo que sejam similares ou idênticos. Se um contrato o impede de procurar outros negócios à venda, enquanto as discussões ainda estão em andamento com um potencial vendedor, ou o proíbe de comprar um negócio concorrente por qualquer período de tempo, desconfie. Desconfie também se o contrato definir como confidenciais informações que não sejam tão sigilosas ou especiais. Se não ficar atento, você corre o risco de cair nas garras de um vendedor espertinho que pode reclamar que você está competindo com ele e usando seus segredos industriais, quando, na verdade, tais "segredos" nada mais são do que práticas comuns do mercado.

O contrato de confidencialidade não significa o fim de suas preocupações quanto às intenções da outra parte. Muitos compradores assinam esse documento somente para levá-lo ao próximo nível e depois fazê-lo perder tempo na próxima etapa.

Para evitar especulações, os vendedores devem considerar o seguinte:

- O comprador, pelo menos, começou o processo de comparação de habilidades pessoais e de análise das possibilidades de financiamento independentes e estabeleceu objetivos pessoais?
- O comprador pesquisou as possibilidades de financiamento junto a bancos, contadores e advogados?
- Há quanto tempo o comprador está procurando e o que encontrou?
- O comprador entende o que é necessário para tocar um negócio?
- O comprador é flexível?
- O comprador é determinado?

Capítulo 4

Os compradores devem considerar o seguinte:

- O vendedor tem dados históricos baseados em fatos ou somente informações projetadas sobre o que pode acontecer no futuro?
- O vendedor tem de três a cinco anos de registros sobre impostos para que você possa analisar?
- O vendedor está pedindo um pagamento adiantado desproporcional ao preço pedido (mais de um ano de lucro previsto)?
- O vendedor tem expectativas realistas em relação à venda?
- O vendedor é flexível?
- O vendedor é determinado?

Se o comprador ou o vendedor tem dúvidas em relação ao outro, é aconselhável ter cautela. Como no caso de Marie, uma visita especulativa pode ser devastadora para o vendedor. Para o comprador, o vendedor que está tentando vender um céu azul e um futuro glorioso sem nenhum tipo de documentação de retaguarda pode ser um risco que vale a pena evitar.

Ao negociar a compra ou a venda de uma empresa, é importante saber que nem toda a investigação levará — ou deveria levar — a uma venda. Além do mais, confidencialidade, discrição e julgamento são considerados mais valiosos para você do que um bom conjunto de material de marketing. Você está comprando ou vendendo uma empresa, não um creme dental. Há uma enorme diferença.

Contudo, essa distinção pode ficar nebulosa no caso de uma operação de franquias, as quais estão essencialmente no ramo da venda de empresas. Assim sendo, vamos analisar o fenômeno franquia.

Dicas do Pai Rico

- Para o vendedor, a confidencialidade na venda da empresa é tão importante quanto o sigilo nos programas de proteção à testemunha. Se a proteção dos segredos for fraca ou se quebrar inesperadamente, os resultados poderão ser muito desagradáveis.
- Os vendedores devem manter-se em guarda o tempo todo, mesmo quando há um acordo de confidencialidade assinado.
- No que diz respeito às especulações, todo o cuidado é pouco. Esteja sempre alerta contra os predadores.

Capítulo 4

Capítulo 5

Franquias

O Fenômeno das Franquias

Como método de fazer negócios, as franquias evoluíram muito desde seu surgimento. De postos de gasolina e revendedores de automóveis a quase quaisquer outros produtos e serviços imagináveis. De um lado, ao aceitar a restrição imposta pelo franqueador de vender apenas um produto ou serviço específico e exclusivo, e, de outro, ao receber treinamento adequado de como vender esses produtos, o franqueado pode minimizar seus riscos seguindo um caminho já pavimentado.

Muitos argumentam que, seja qual for a importância inicial, vale a pena investir em uma franquia. O reconhecimento da marca, a uniformidade do modelo de negócios, de sucesso comprovado, e o poder de compra resultante do volume total garantido pelo franqueador são apenas algumas das razões mencionadas por franqueados bem-sucedidos. Por esse motivo, eles só compram franquias já estabelecidas e bem conhecidas. Mesmo assim, até mesmo os que acreditam totalmente em franquias são precavidos e sabem que possuir uma franquia não significa estar livre de muita dedicação e esforço. Você ainda está tocando um negócio que precisa dar certo.

Assim sendo, adquirir uma franquia é como comprar uma empresa. Você não poderá abrir mão de fazer as perguntas certas, ser prudente e tomar decisões acertadas.

Nosso próximo caso é ilustrativo.

Capítulo 5

Caso Nº 6 — Vivian e Tomas

Vivian e Tomas trabalharam arduamente nos últimos seis anos a fim de economizar o suficiente para comprar uma franquia. O sonho deles era ter seu próprio negócio e achavam que adquirir uma franquia de um setor de varejo os ajudaria a alcançar o sucesso.

Durante dois anos, Vivian analisou as oportunidades de franquias. Tomas trabalhava em mais de dois empregos para conseguir os recursos necessários para a realização do sonho do casal e não tinha tempo para fazer as pesquisas. Vivian ficou feliz em executar essa tarefa, o que, para ela, significava fazer tudo muito bem-feito.

Embora trabalhassem no ramo de alimentos, Vivian não tinha certeza de que um restaurante seria o negócio certo para eles. Então, começou uma pesquisa rigorosa. Analisou uma grande quantidade de anúncios em revistas e em sites da internet, e resolveu convidar Tomas para visitarem feiras de franquias, à procura de informações. Ao analisar as inúmeras oportunidades, Vivian desenvolveu seu próprio checklist sobre as informações que seriam importantes para ela, incluindo os seguintes itens:

- Qual é a reputação do franqueador no setor e entre seus franqueados?
- O produto ou serviço é exclusivo?
- O produto ou serviço estará fora de moda em cinco ou dez anos?
- Há concorrência no mercado?
- Haverá concorrência no futuro?
- Quantos franqueados existem? Algum deles já processou o franqueador?
- Qual é a qualidade do marketing do franqueador, da publicidade e dos programas de relações públicas?
- Quanto custa cada programa para cada franquia?
- O nome e a reputação do franqueador podem fazer diferença com os clientes?
- A localização da franquia é importante? É possível trabalhar em casa? Se não for, qual será o custo de manutenção do local de trabalho?

- Depois que todas as despesas e taxas com a franquia estiverem pagas, qual é o ponto de equilíbrio? Além disso, é possível obter lucros suficientes para fazer com que tudo isso valha a pena?

A última pergunta foi a mais importante para Vivian. Vale a pena? Será que o investimento inicial e depois o pagamento contínuo de royalties sobre o faturamento bruto resultariam em mais negócios e em uma receita maior por parte da franquia do que se eles abrissem seu próprio negócio?

Vivian não sabia responder a essa pergunta. Certamente, os franqueados que conhecera nas feiras e para os quais telefonou, pedindo referências sobre várias oportunidades de franquia, pareciam satisfeitos com os resultados. Contudo, ela sabia que seria muito pouco provável encontrar ex-franqueados descontentes em uma feira de oportunidades de franquias em que tudo é festa. Além disso, os franqueadores dificilmente forneceriam os nomes dos operadores descontentes como referência. Ela reconhecia que precisaria exercitar sua fé para tomar a decisão certa. Eles realmente precisavam de ajuda divina, pois sabiam que, muito provavelmente, só teriam uma chance de acertar.

No final das contas, Vivian encontrou uma oportunidade de franquia que atendia tanto a seus critérios quanto a seus interesses. A Salvador's era um restaurante especializado em tacos, burritos e outros pratos, com características singulares, que se expandia rapidamente por toda a região sudoeste dos Estados Unidos. A *taqueria* servia a autêntica e deliciosa comida típica de El Salvador, tacos abertos, carne guisada, *chicken rellenos* (frango recheado), bananas recheadas e outros itens populares desse país da América Central. Tanto Vivian quanto Tomas já podiam imaginar a comida salvadorenha se tornando o principal subproduto da cozinha mexicana, da mesma forma como a comida tailandesa está para a cozinha chinesa.

Depois de discutirem a oportunidade com amigos e familiares e de analisar a UFOC (*Uniform Franchise Offering Circular* — Circular de Oferta de Franquia), documento de divulgação exigido pelo governo americano, decidiram seguir em frente. Fizeram um depósito de US$5 mil e começaram a procurar um lugar no centro da cidade, com aproximadamente 75m^2, para sua *taqueria*.

Foi então que eles se depararam com um grande problema. Um amigo de um amigo também tinha adquirido uma franquia do Salvador's. Ele também estava procurando um lugar para montar um restaurante no centro da cidade. Tomas ficou furioso. Chamou o representante da franquia e exigiu explicações. O representante, calmamente, pediu a ele que lesse cuidadosamente a UFOC. A

Salvador's não garantia um território específico. Podiam vender para qualquer um, em qualquer lugar. E, se um franqueado quisesse abrir uma outra loja, do outro lado da rua, poderia ir em frente sem problema algum. O representante disse que era pouco provável que isso acontecesse, uma vez que não seria do interesse de ambas as partes, mas, de acordo com o contrato que ele havia assinado, isso poderia muito bem acontecer. Tomas ficou passado ao descobrir que não estava pagando por um território exclusivo. A comida salvadorenha não era tão popular assim e estava apenas começando. A última coisa de que precisavam era ter dois restaurantes iguais competindo pelos mesmos clientes no centro da cidade.

O representante, educadamente, disse a Tomas que a franquia não oferecia nenhuma espécie de exclusividade territorial e que ele teria de enfrentar a concorrência na cidade. Extremamente aborrecido, Tomas acusou o franqueador de falsidade ideológica e exigiu seus US$5 mil de volta. O representante, mais educadamente ainda, disse que o depósito não seria devolvido. Tomas poderia desistir da franquia do Salvador's, porém nunca mais veria os US$5 mil. Era assim que estava escrito na UFOC.

Moral da história: é necessário ler com muita atenção e entender todos os termos antes de assinar a UFOC (ou qualquer outro documento). É muito importante analisar todos os itens com seus consultores, especialmente com o advogado e o contador. O conselho e a opinião desses profissionais sobre a viabilidade da franquia, seu gerenciamento, histórico e força operacional devem ser levados em consideração.

Consulte também a ABF (Associação Brasileira de Franchising) — visite o site em www.portaldofranchising.com.br, que oferece vários artigos e informações úteis relacionados às franquias. A ABF conta com uma comissão de ética pronta a ajudá-lo. Pode ser muito útil saber se uma franquia em potencial está de acordo com os padrões éticos.

Além disso, é fundamental solicitar a COF (Circular de Oferta de Franquia), equivalente à UFOC americana, antes de assinar qualquer contrato. Esse documento foi criado para a divulgação de todo o material informativo a um possível franqueado e deve ser fornecido pelo franqueador pelo menos dez dias antes da assinatura do contrato. Se o vendedor não puder lhe fornecer uma cópia de uma COF, desista e procure outro negócio. A UFOC americana consiste em 23 categorias de informações que devem ser divulgadas. Vale a pena considerar a importância de cada uma.

1. *Franqueador*. Informações sobre histórico e antecedentes são fornecidas aqui, em conjunto com as considerações relevantes sobre as operações, a concorrência e a natureza da franquia que está sendo vendida. Este é o sumário executivo da UFOC.
2. *Gestão*. Este tópico apresenta cada pessoa responsável pela organização do franqueador e detalha sua experiência nos negócios. Considere os antecedentes de cada um desses executivos. Você compraria uma franquia de autopeças se os executivos envolvidos tivessem experiência somente na administração de equipamentos portáteis para cuidados com a beleza? Naturalmente, você vai preferir ficar longe de uma franquia assim.
3. *Ações judiciais*. Leia este parágrafo primeiro para conhecer melhor o franqueador e seu modus operandi. Existe um espírito de equipe entre franqueador e franqueados? Ou, como este tópico vai revelar, o franqueador está sempre procurando uma oportunidade para levar vantagem em tudo?
4. *Falência*. Aqui, o franqueador, seus antecessores, dirigentes e diretores devem informar se já pediram falência ou entraram em concordata nos últimos quinze anos. Seja cuidadoso para saber se os dirigentes já levaram à falência um grande número de empresas nos anos anteriores.
5. *Taxas da franquia*. As taxas com vencimento no ato da assinatura do contrato e as formas de pagamento são reveladas aqui. Este é o parágrafo que Tomas deveria ter lido mais atentamente, pois também revela se a taxa pode ser restituída ou não.
6. *Outras taxas*. Se você realmente deseja saber onde está entrando — ou do que não deseja fazer parte —, leia este parágrafo primeiro. As taxas podem variar entre o razoável e o inacreditável. Estão incluídas as taxas-padrão, tais como pagamentos de royalties, contribuições com publicidade e taxas de treinamento. Fora isso, o franqueador pode incluir taxas com auditoria, taxas sobre negociações de aluguel, taxas de transferência, de renovação, de consultoria etc. Este parágrafo revela como taxas não têm nada a ver com liberdade.

    Certifique-se de como é feito o cálculo dos royalties. Se a base for um percentual sobre as vendas, como as vendas serão calculadas? E como são esses royalties, comparados aos de outros operadores de franquias?

7. *Investimento inicial da franquia*. Este parágrafo revela, geralmente em forma de gráfico, a estimativa dos custos que o franqueado deve pagar para

conseguir abrir o negócio. O investimento inclui equipamentos, bens imóveis, melhorias feitas pelo locatário, capital social e outros custos. Este é um parágrafo que seu contador deve analisar muito bem para ter uma ideia real do negócio.

8. *Exigências de compras.* Neste parágrafo, é revelado se o franqueado é obrigado a comprar suprimentos, estoque e coisas do gênero, das fontes designadas pelo franqueador. Portanto, analise se as exigências de compra do franqueador são razoáveis.

9. *Especificações dos fornecedores aprovados.* Especificações quanto aos equipamentos, programas de suprimentos e afins são reveladas neste parágrafo, bem como se o franqueador está se beneficiando financeiramente destas exigências.

10. *Financiamento.* Os termos e as condições de qualquer financiamento que o franqueador possa oferecer aos franqueados são detalhados neste parágrafo. Seja cuidadoso ao analisar quaisquer cláusulas de inadimplência ou de vencimentos antecipados que possam estar envolvidas e que devem ser reveladas neste parágrafo.

11. *Obrigações do franqueador.* A descrição deste parágrafo identifica os serviços e o suporte inicial e contínuo proporcionados pelo franqueador. Aqui serão detalhadas informações sobre treinamento, publicidade, controle de estoque e outros serviços oferecidos pela empresa de franquia. Certifique-se de que o franqueador tenha interesse em apoiar seu sucesso em longo prazo.

12. *Território exclusivo.* Um elemento importante em qualquer negociação com uma franquia. O que você está adquirindo? Exclusividade ou não-exclusividade? Você tem a opção ou o direito de primeira recusa para expandir o território? Você pode perder seu território se algumas cotas de vendas não forem atingidas? A empresa pode competir com você ao estabelecer lojas próprias na região em que você já abriu o caminho? Leia com muita atenção. Certifique-se de que todas as fronteiras de qualquer território estejam definidas especificamente, município por município, cidade por cidade, rua por rua.

13. *Marcas registradas, razão social etc.* A situação de qualquer proteção da marca registrada, federal ou estadual, razão social e outras propriedades intelectuais devem ser reveladas. Se há casos de violação de lei ou de ações

judiciais envolvendo a propriedade intelectual da franquia, é crucial que seu advogado analise cuidadosamente todos esses itens. Um dos bens mais valiosos de uma franquia é a marca registrada. Se houver algum risco de perdê-la em ações judiciais, o que você ganhará em adquirir a franquia? Certamente nada de muito valor.

14. *Patentes e direitos autorais.* As mesmas questões que se aplicam ao parágrafo 13.

15. *Administração da franquia.* Este tópico detalha se o franqueador permite ou não a propriedade de ausentes (propriedade delegada a terceiros, encarregados de administrá-la e mantê-la) ou outros tipos de administração.

16. *Restrições de ofertas.* É preciso revelar se há alguma restrição quanto aos produtos ou serviços fornecidos pelo franqueado.

17. *Rescisão, renovação e transferência do contrato de franquia.* Se as coisas não derem certo e/ou o franqueador rescindir o contrato de franquia, que procedimentos devem ser seguidos? Se o franqueado precisar vender a franquia, como deverá agir? Todas essas questões são tratadas neste parágrafo. É importante que todas as hipóteses sejam levantadas e analisadas.

18. *Endosso de celebridades.* Quanto ganham as pessoas famosas para fazer propaganda? E qual é a porcentagem paga a elas pela sua empresa? Este parágrafo versa sobre esta questão.

19. *Reivindicações sobre lucros.* Este parágrafo deve revelar se o franqueador está disposto a projetar os lucros para um possível franqueado. Em caso negativo (e acredite, eu não deixaria um cliente meu cometer esse erro, a menos que ele realmente quisesse ser processado), uma declaração indicando que não será oferecida nenhuma reivindicação sobre os lucros deverá ser inserida aqui.

20. *Informações sobre o franqueado.* Dados sobre o número de franqueados e sua localização são incluídos neste item, normalmente na forma de gráficos. Além disso, qualquer franquia que tenha sido encerrada ou que não tenha sido renovada nos últimos três anos será anotada. Este parágrafo oferece um entendimento do alcance geográfico e do sucesso da franquia, ao mesmo tempo em que alerta o interessado quanto às áreas problemáticas da empresa.

21. *Demonstrações financeiras.* Incluem-se aqui relatórios financeiros completos que devem ser submetidos à rigorosa análise de seu contador, que cer-

tamente não permitirá que você embarque em uma canoa furada. Fique atento ao montante de endividamento da empresa. As transferências de dinheiro da franquia estão indo para a melhoria da marca e para a publicidade ou estão sendo usadas para a quitação de empréstimos tomados para pagar as três últimas ações judiciais? Além disso, é possível confirmar as informações apresentadas? Uma opção é checar junto à Dun & Bradstreet, líder mundial no fornecimento de informações empresariais, ou com qualquer outra agência de crédito, para obter a confirmação dessas informações e para saber se as contas estão sendo pagas em dia.

22. *Contrato de franquia.* Estão incluídos aqui o contrato de franquia e quaisquer outros documentos a serem assinados por ambas as partes.
23. *Comprovação de recebimento.* A última página serve para o franqueado acusar o recebimento da UFOC.

Você conseguirá identificar eventuais áreas problemáticas ao analisar a UFOC (ou a COF). Considere também uma série de questões que incluem:

- O franqueado pode rescindir o contrato por qualquer violação deste?
- O instrumento inclui acordos altamente restritivos, especificando a não-concorrência no término do contrato?
- As taxas de renovação e as condições de pagamento são excessivas a ponto de levantar suspeitas de que, na verdade, o franqueador deseja que a franquia opere como uma filial de sua própria loja?
- Um monte de taxas sem importância totalizam um montante considerável?
- Há algum risco de se perder a propriedade intelectual e a identidade do franqueador como um todo?
- O franqueador oferece algum apoio de pré-inauguração ou uma grande inauguração? Em caso negativo, por que não?
- Quem paga por todo o material de marketing?
- Você tem a sensação de que o franqueador realmente gosta de ações judiciais?
- O franqueador reivindica controle excessivo sobre áreas em que ele não deveria estar envolvido?

- Existe algum padrão de como os dólares são empregados e gastos com publicidade e marketing em seu mercado local?
- Existe uma associação ativa da franquia e algum procedimento para lidar com as reclamações trabalhistas? Quantas ações trabalhistas aconteceram ultimamente?
- Os franqueados têm voz ativa nas decisões operacionais ou na política da empresa?

Como o tom da última questão indica, você tem de continuar nesta arena com uma alta dose de ceticismo. Sim, existem várias empresas de franquias muito éticas e bem-sucedidas no mercado. Não se pode negar esse fato. Porém, não se esqueça de que a UFOC (assim como a COF brasileira) não está acima de nenhum órgão governamental. Embora exista a obrigatoriedade de divulgar tais informações, não há nenhum órgão oficial do governo encarregado de analisar cada um desses documentos e determinar se são exatos ou não. Somente você pode fazer isso. Faça sua própria auditoria sobre a veracidade dos fatos com a assistência do seu grupo de especialistas, para tomar a decisão certa.

Agora, vamos rever as informações que os vendedores das não-franquias fornecem.

Dicas do Pai Rico

- Analise cuidadosamente se os benefícios e as desvantagens de uma franquia são compatíveis com suas expectativas e necessidades.
- Conheça cada taxa relacionada à franquia que pretende adquirir, para evitar surpresas mais tarde.
- As UFOCs e COFs são documentos redigidos, de propósito, de forma enfadonha, e que podem, literalmente, fazer você cair no sono. Leia várias vezes todos os documentos quando estiver descansado e com a cabeça fria, para obter uma compreensão total do negócio em que está entrando.

Capítulo 5

Capítulo 6

Prospecto de Vendas

Importância

Um prospecto de vendas (também conhecido como catálogo de marketing ou *offering memorandum* — documento que apoia um lançamento de ações) é basicamente um perfil da empresa elaborado para comercializar a empresa a compradores potenciais. Esse documento tem como objetivo justificar o preço solicitado e pode ser usado na divulgação feita a um grupo restrito e qualificado de mercado, para complementar entrevistas e embasar consultas rápidas feitas por telefone. Essa, definitivamente, não é uma mala direta. Depois de estabelecer um relacionamento com o possível comprador (e de assinar um contrato de confidencialidade), você pode usar um prospecto mais detalhado. É interessante submeter esse documento à apreciação de um advogado, para que ele avalie se o conteúdo pode prejudicá-lo mais tarde, de alguma forma.

Para o vendedor, o prospecto é não só uma ferramenta útil de marketing, como também um instrumento de aprendizado. Além de conter as principais informações que os compradores poderão usar na triagem preliminar, o catálogo força o vendedor a ter uma noção clara e exata do que deseja obter com a venda — tanto financeira quanto pessoalmente. A elaboração de um prospecto organiza as ideias do vendedor para as futuras conversas pessoais com compradores potenciais. Dependendo de como foi redigido, esse documento também pode oferecer o benefício adicional de preservar o anonimato do vendedor. Mantendo o nome e o endereço da empresa em sigilo, você poderá falar com os interessados por uma linha telefônica destinada a esse fim, evitando a curiosidade alheia e a antecipação de uma notícia sobre a venda da empresa para todo o setor.

Longe de ser apenas um documento enfadonho que apresenta fatos, o catálogo deve conter propaganda persuasiva. Na verdade, é interessante contar com a ajuda de um relações-públicas ou de um redator de textos publicitários para a elaboração do documento. No mínimo, garanta que ele esteja bem escrito — sem erros de digitação, ortografia e gramática. Use estilo claro, conciso e objetivo. Se seu prospecto parecer pouco profissional, será essa a impressão que você e a empresa transmitirão aos possíveis compradores. Quanto mais aguçada a curiosidade de um comprador ideal, maior o interesse dele.

Elementos

Não há um formato-padrão para um prospecto de vendas, pois não se trata de um documento legal com requisitos específicos, como uma COF (Circular de Oferta de Franquia) — equivalente à UFOC americana. Entretanto, você deverá decidir o que incluirá no catálogo, seguindo certas formalidades. O prospecto não é um documento cheio de fórmulas, mas uma peça de marketing que representa o esforço único e criativo para vender uma empresa exclusiva como a sua.

Contudo, tome o cuidado de não fazer declarações equivocadas no seu prospecto. Se afirmar que seu produto foi reconhecido como líder pelos leitores de uma revista que não existe, certamente enfrentará problemas. Falsas afirmações e persuasão exagerada não são estratégias adequadas. O prospecto é um documento de marketing desenvolvido para despertar interesse, mas ele pode e deve ser elaborado para retratar a verdade.

Antes da assinatura do acordo de confidencialidade, ou de pelo menos uma conversa pessoal com o comprador, não é aconselhável revelar as seguintes informações:

- Localização específica
- Nome ou endereço da empresa
- Listas detalhadas do ativo imobilizado
- Demonstrações financeiras

O objetivo é despertar interesse, sem o intuito de gerar uma proposta de compra. É desejável manter um certo segredo, além de total confidencialidade, até que se consiga avaliar quem é a pessoa interessada no negócio. Você também pode realizar sua própria verificação quanto aos compradores potenciais. Saber se eles realmente têm condições financeiras para a transação poderá poupá-lo de esforços inúteis. Há milhares de curiosos dispostos a desperdiçar seu tempo e seu dinheiro (e, por mais estranho que pareça, o deles também!) só para se sentirem importantes. Antes de abrir a porta, descubra quem realmente está por trás da máscara de comprador interessado.

Segue-se um resumo de algumas das seções mais comuns de prospectos de vendas, com comentários sobre o que incluir, levando em conta a questão da confidencialidade. Algumas das informações a seguir deverão ser omitidas caso você pretenda enviar o catálogo a pessoas que ainda não conheceu pessoalmente e/ou com quem ainda não tenha um acordo de confidencialidade firmado. Outra opção é usar a versão resumida apresentada mais adiante.

1. *Resumo do investimento*. Embora geralmente apareça no início do documento, esta seção deve ser elaborada por último. Todo o conteúdo do prospecto deve ser desenvolvido de forma a corroborar o teor desta seção. Em não mais de duas páginas, o texto deve aguçar a curiosidade do leitor e explicar em que consiste e quais são os motivos da venda, seu período de concretização, o preço e as exigências para o financiamento. Todo o conteúdo da seção deve ser bem atraente.

2. *Apresentação geral da empresa*. Um panorama simples da empresa, incluindo o tempo de atuação; como, por que e quem a fundou; as razões do sucesso da empresa até o momento; detalhes sobre a localização, ativos, funcionários e vendas anuais; produtos e distribuição; ferramentas de marketing usadas; informações gerais sobre tecnologia própria, propriedade intelectual e processos; quais são as perspectivas futuras em termos de marketing, produtos, serviços e planejamento empresarial (seja genérico); por que a empresa está à venda (em termos positivos).

3. *Avaliação geral do mercado*. Nenhuma empresa opera no vácuo. Nesta seção, você explicará a relação entre o mercado geral, o setor específico e a empresa. Inclua uma análise das tendências de crescimento nos últimos três a cinco anos, bem como uma discussão sobre as inclinações de mercado para o futuro.

4. *Visão geral de marketing e vendas.* Nesta seção, é possível florear um pouco e mostrar que a empresa não é bem-sucedida por acaso. Apresente o foco estratégico do negócio, os detalhes dos produtos e serviços, as estratégias de marketing, a formação da equipe, sistemas de distribuição, sucessos históricos, objetivos futuros e o que torna a abordagem da empresa especial. A inclusão de informações comparativas sobre a concorrência pode ser interessante, principalmente para compradores que não conhecem bem o setor.

5. *Ativos, processos e contratos especiais.* Como bem sugere o título, nesta seção, você fará uma descrição geral sobre as informações exclusivas da empresa, como patentes, marcas registradas e direitos autorais. (As leis de direito autoral protegem documentos escritos como livros, peças publicitárias ou de teatro. As patentes protegem a autoria de criações que incluem aparelhos, design ou processos exclusivos a ponto de serem considerados uma invenção genuína.

6. *Pessoal-chave.* Não é preciso "dar nome aos bois" (embora possa ser interessante identificar as pessoas, se houver um contrato de confidencialidade firmado), mas pode ser interessante incluir o pessoal-chave aqui. Informações sobre a formação educacional, a trajetória profissional e as origens do CEO, presidente, vice-presidentes, diretores, principais membros do conselho; dos executivos-chave das áreas tecnológica e operacional, bem como de consultores e investidores, entre outros indivíduos importantes para as operações da empresa.

7. *Desempenho financeiro no passado.* Você pode ou não incluir demonstrações financeiras dos últimos três a cinco anos. Informações comparativas entre o ano atual e os anteriores, uma visão geral dos procedimentos contábeis, etapas usadas para orientar as demonstrações e situações especiais que tenham causado saltos e quedas radicais no desempenho podem ajudar a atrair um comprador sério ou fornecer informações em excesso a pessoas mal-intencionadas. Cabe a você decidir se incluirá ou não esses dados financeiros no prospecto. Obviamente, à medida que as negociações avançarem entre comprador e vendedor, essas informações terão de ser reveladas.

8. *Desempenho financeiro projetado para o futuro.* Esta seção também pode ser complicada e é aconselhável contar com a ajuda de um advogado. Seria desastroso fazer declarações falsas aqui. Deixe muito claro que suas previsões são apenas estimativas (suposições), não compromissos (garantias).

A diferença entre suposição e garantia é que não há dúvidas quanto a um processo judicial em caso do não cumprimento de uma garantia. Contudo, não elimine esta seção automaticamente, com medo de implicações legais. Se você apresentar as informações de maneira adequada, com isenções condicionais suficientes, poderá usar o argumento de que a expectativa de bons resultados financeiros é uma das melhores justificativas do preço pedido.

9. *Estrutura da propriedade.* Geralmente dispensável para os que não são proprietários da empresa, esta seção pode ser necessária por explicar a distribuição da propriedade ao longo do tempo. Não se esqueça de verificar se todos os citados autorizam a publicação de seu nome na lista. Mais pessoas preservam a privacidade do que você possa imaginar, e nem todo mundo quer ver seu nome circulando como dono de uma empresa lucrativa que está à venda.

10. *Preço e condições de financiamento.* Chegou a hora de explicar a lógica utilizada para a definição do preço. Qualquer tipo de financiamento oferecido ou solicitado deve ser incluído nesta seção.

11. *Conclusão.* Se o leitor não tiver prestado atenção na introdução, esta seção servirá para você reiterar os argumentos de venda. Ressalte a excelente oportunidade de investimento oferecida e use as artimanhas de corretor, alertando que o comprador deve se decidir antes que outra pessoa feche o excelente negócio.

12. *Anexos.* Informações do site, catálogos, amostras, detalhes sobre a concorrência, biografias e outros dados que possam corroborar o conteúdo do prospecto podem ser adicionados como apêndices e citados no corpo do relatório.

No caso de preferir usar um prospecto menos detalhado para que os compradores fiquem interessados em marcar uma reunião pessoal, você poderá usar estas linhas gerais:

1. Histórico e informações preliminares da empresa: este tópico inclui a formação, a missão, os segmentos de mercado e as futuras atividades da empresa
2. Localização: inclui apenas a área geral.

3. Ativos: descrição geral de valor, idade, condição, aluguel ou instalações próprias sem detalhes específicos.

4. Operações: horário comercial, altos e baixos da produção, atividades de propaganda e imprensa, esforços de marketing, eventos de produção e exclusividades da empresa.

5. Funcionários: informações gerais sobre a força de trabalho, os planos de pagamento e os benefícios dos funcionários.

6. Declaração de confidencialidade: breve lembrete informando que os clientes, funcionários e fornecedores ainda não sabem da possível venda.

7. Vendas: informações gerais sobre vendas e principais clientes, sem mencionar dados que possam ser úteis para qualquer concorrente que venha a ler o catálogo.

8. Concorrência: qual é a situação da empresa frente à concorrência e como ela pode ser melhorada.

9. Nível de habilidade: descreva suas próprias habilidades e terá uma boa descrição do candidato ideal para a compra.

10. Condições da venda: formulário apresentando a composição atual dos sócios, as questões tributárias, a descrição dos critérios usados para definição do preço pedido, as condições de financiamento, os motivos da venda.

11. Relatórios financeiros: descrição da manutenção dos registros contábeis, destaques de vendas, despesas operacionais e fluxo de caixa reestruturado.

12. Entrevistas: explicação de como entrar em contato para agendar uma entrevista pessoal.

Se decidir usar o prospecto, quer como uma ferramenta de marketing preliminar, quer como um convite para buscar informações mais detalhadas, você mesmo deverá elaborar o esboço desse documento. Afinal, ninguém conhece a empresa melhor do que você. Peça sugestões a especialistas e passe o texto por uma revisão de gramática e estilo, mas não abra mão de elaborar a versão inicial.

Perguntas Preliminares para Compradores

Tony Held é consultor empresarial em Las Vegas. Sua empresa, Avelent Consulting, Inc., ajuda compradores a analisar empresas para aquisição e a preparar planos de negócios. Ao longo dos anos, Tony desenvolveu um checklist com dez perguntas preliminares que um comprador deve fazer quando estiver considerando a compra de uma empresa. Estas são as "dez mais" de Tony:

- A empresa atua em um setor em expansão?
- A empresa tem ampliado sua participação de mercado?
- O que estou comprando? Fluxo de caixa, ativos, clientes?
- Qual será o retorno sobre o investimento (ROI)? Como o ROI dessa oportunidade se compara à média do setor?
- Que vantagens a empresa tem sobre a concorrência?
- Quais são os fluxos e margens de receita?
- Qual é o número de clientes da empresa?
- Quantos clientes compõem 80% das vendas?
- Qual é o índice de retenção de clientes, atual e previsto, após o novo proprietário tomar posse?
- Qual é a estratégia de transição?

Analisando as Operações

Respondidas as perguntas preliminares, o comprador certamente pedirá informações mais aprofundadas. O prospecto pode ou não conter esses dados. Seguem-se alguns itens que podem gerar indagações:

- Vendas: produtos e linhas de produtos, marketing, centros de lucros, concorrência, sazonalidade.
- Aluguel(éis): possibilidade de transferência, duração do(s) contrato(s). É possível alterar a cláusula de objetivo da locação?
- Contratos de empréstimo: montante, segurança, situação, possibilidade de transferência de ativos e de ações.
- Contratos: montantes, situação, possibilidade de transferência.
- Relações com fornecedores: número, tamanho, situação do crédito, satisfação dos fornecedores.

Capítulo 6

- Relacionamento com os clientes: número, tamanho, assiduidade, satisfação, status (ativo, inativo), localização.

- Funcionários: número, cargos, atribuições, custos individuais, salários, satisfação, benefícios prometidos, privilégio, benefícios indiretos, manual de políticas, se existem ou não dissídios coletivos a serem acatados pela empresa.

- Informações exclusivas (direitos autorais, marcas registradas, patentes): tipos, proteção, situação, propriedade, data de validade.

- Instalações e equipamentos: propriedade, tempo de uso, valor, marca e modelo, números de série, vida útil, capacidade, atendimento aos padrões nacionais de saúde e segurança, possibilidade de transferência.

Se algumas dessas informações não estiverem no prospecto de venda e você estiver interessado em adquirir a empresa, o vendedor atingiu seu objetivo. O próximo passo é entrar em contato com o vendedor e pedir informações adicionais. É bem provável que as informações mais procuradas sejam as financeiras.

Dicas do Pai Rico

- Um prospecto de venda que afasta os compradores inadequados cumpre bem seu propósito, tanto quanto o catálogo que atrai os compradores satisfatórios.

- Embora um certo envaidecimento seja normal, nunca se desvie da verdade ao elaborar um prospecto. As consequências podem ser bastante desagradáveis.

- Se estiver interessado em comprar uma empresa, certifique-se de que todas as dúvidas não-esclarecidas no prospecto sejam elucidadas em uma etapa posterior da transação.

Capítulo 7

Relatórios Financeiros

Os números são os meios principais de avaliação na hora de comprar uma empresa. Os relatórios financeiros devem ser precisos, confiáveis e profissionais.

Se o vendedor contar com o auxílio de um auditor para elaborar ou explicar os relatórios financeiros, certamente terá uma grande vantagem no processo.

O modo como o proprietário conduz a empresa antes e durante a venda deve ser um fator que aumenta a probabilidade de conclusão do negócio. A melhor maneira de se garantir isso é ficar atento aos números. Uma venda não acontece da noite para o dia. É necessário tomar decisões que envolvem finanças. Priorize sempre a manutenção de relatórios financeiros precisos e atualizados para auxiliá-lo em momentos decisivos.

Os compradores usam os fatos financeiros do passado para determinar as esperanças do futuro. Formule seus relatórios históricos com uma perspectiva precisa, porém positiva, servindo de base para as projeções favoráveis. Se alterações recentes causam grandes desvios para o futuro, explique os motivos em seus relatórios. Esse exercício pode deixá-lo afiado na hora de dar explicações.

O ponto de partida para a análise dos relatórios financeiros é a situação atual dos negócios. É preciso entender não só o significado dos números, mas também como foram gerados. Mesmo que você não tenha se dado conta, sua empresa tem procedimentos contábeis, que podem ir desde atualizações documentadas e regimentadas até recibos guardados em uma caixa de sapatos. A despeito do nível de sofisticação, essas ações consistem em procedimentos. Se a conduta for tácita e não deliberada, é importante perceber que tal falta de planejamento será revelada em seus indicadores financeiros. Um dos itens na verificação a ser feita por qualquer comprador potencial é justamente a análise dos procedimentos e políticas contábeis. O modo de compilação dos números refletirá seu profissionalismo e tino comercial. Pense na imagem que deseja para sua empresa. A ideia é que o comprador pague por um estabelecimento habilitado, não por um projeto que precise de emendas.

Os compradores devem ter seus próprios contadores. Não aceite qualquer número como valor nominal sem ao menos ler todas as letras miúdas dos relatórios financeiros. Verifique os métodos de contabilidade, especialmente os referentes ao reconhecimento de receitas ou despesas. Não deixe de descobrir se o contador preparou as demonstrações com base em seus próprios números ou se usou os fornecidos pelo proprietário. O contador que prepara os relatórios financeiros com base apenas nos números fornecidos pelo vendedor pode estar tão alienado como qualquer outra pessoa.

E se o vendedor não estiver disposto a enviar relatórios financeiros? Isso é possível. O comprador pode se oferecer a assinar um acordo de confidencialidade antecipadamente para dirimir eventuais preocupações em relação ao sigilo. Ou seu contador pode pedir para dar uma olhada nos relatórios. O fato de o comprador se dispor a pagar um contador para ajudá-lo demonstra seriedade em relação à compra da empresa. Contudo, se o vendedor não revelar as informações financeiras ou se tiver controles muito precários, é melhor procurar outro negócio.

Caso Nº 7 — Paul, Victoria e Danny

Paul era um supervendedor. Agradável, bem-falante e totalmente confiável. Era do tipo que vendia areia no deserto. Paul era vice-presidente de marketing e vendas de uma grande empresa de produtos de consumo. Seu sonho era tocar sua própria empresa algum dia e, com o passar dos anos, foi ficando cada vez mais ansioso para realizar seus objetivos. Além disso, Paul foi ficando realmente insatisfeito com a burocracia que enfrentava no trabalho. Confiante em suas habilidades, ele sabia que, com o investimento e a implementação de suas estratégias de marketing, as vendas dos produtos de sua divisão aumentariam sensivelmente. No entanto, o presidente da companhia alocava recursos para outras divisões, levando Paul a suspeitar que havia um jogo político que o motivava a impedir seu sucesso na organização.

Paul começou a procurar a empresa certa para comprar, um negócio que atendesse às suas necessidades. O ideal seria uma empresa de produtos de consumo com boas perspectivas de vendas, que precisasse de um talento adicional em marketing e vendas. Depois de consultar vários corretores de empresas, analisar vários anúncios nas principais publicações nacionais e regionais e pesquisar entre as milhares de oportunidades de venda divulgadas pela internet, Paul sentiu que encontrara uma empresa que correspondia às suas expectativas.

Victoria, sua esposa, estava preocupada, porém apoiava os objetivos profissionais de Paul. Apesar de ter certeza de que o esposo conseguiria vender qualquer coisa neste mundo e que desejava ser dono de seu próprio negócio, ela pensava com cautela e prudência. Afinal, tinham uma família a sustentar e um empréstimo hipotecário a honrar. Paul não poderia simplesmente comprar qualquer empresa. A aquisição deveria ser acertada tanto para ele quanto para a família. Para Victoria, não haveria uma segunda chance.

A empresa que despertou interesse atuava no ramo de churrasqueiras a gás. Seus modelos Grill King eram vendidos para grandes redes varejistas norte-americanas como Walmart, Costco e Sears, entre outras.

A Grill King era uma divisão de um grande conglomerado de capital aberto em constante renovação e reformulação, seguindo as tendências dos ramos empresariais que estivessem em alta em Wall Street nos últimos cinco anos. Como o grupo estava voltando sua imagem ao setor de serviços financeiros, a divisão de equipamentos para churrasco não se encaixava na mais recente reformulação.

O preço de compra estava acima das expectativas de Paul, mas o fato de a marca da empresa ser conhecida no mercado agregava valor ao negócio. Paul sentia que conseguiria tirar proveito desse aspecto positivo e levar a empresa a outros patamares de vendas. Com a ajuda de alguns amigos e familiares que sempre diziam que investiriam em qualquer empresa que ele decidisse montar, Paul sentia-se cada vez mais confiante de que venceria o desafio.

Victoria, por sua vez, ficava cada vez mais apreensiva. Usar o capital próprio era uma coisa, mas aceitar o dinheiro dos outros era algo totalmente diferente. Se o negócio não desse certo, ela nunca mais viveria em paz consigo mesma. Sua preocupação era que as pessoas a evitassem e que acabasse isolada se tudo desse errado. Paul precisava de ajuda para saber se essa era realmente a empresa certa. Sendo assim, Victoria decidiu chamar o maior nerd que conhecia.

Danny, irmão de Victoria, era um contador tímido e um tanto desalinhado, que morava em uma pequena cidade no sudoeste de Missouri. Tinha um escritório bem-arrumado que atendia pessoas físicas e jurídicas na comunidade, mas sua paixão era contabilidade forense, atividade que lhe permitia bancar o detetive e

Capítulo 7

descobrir o que realmente estava por trás dos números. Várias vezes ao ano, era procurado por administradores de massas falidas ou por depositários judiciais para descobrir o que provocara a falência da empresa, do ponto de vista contábil. Com seu jeito desgrenhado, era um Columbo com uma calculadora e, a exemplo do famoso detetive do seriado de TV, ia fundo em cada caso.

Victoria precisava da ajuda do irmão nesse momento. Paul preparava os investidores, convencendo a eles e a si mesmo de que aquele era um bom negócio. Victoria entregou os relatórios financeiros da Grill King a Danny assim que pôde.

Alguns dias depois, Danny finalmente ligou para Victoria e Paul e disse que percebera algumas coisas dignas de nota ao analisar os números. Paul não queria falar com Danny, mas Victoria insistiu que ele entrasse na conversa.

Durante a teleconferência, Danny disse que o fato de as contas a receber da Grill King crescerem mais rapidamente do que as vendas foi o dado que mais lhe chamara a atenção. Paul ignorou o cunhado de maneira um tanto grosseira, mas Victoria quis saber por que tal informação era tão importante. Danny apontou uma preocupação com a qualidade das vendas. O índice de crescimento de contas a receber (valores devidos à Grill King pela venda das churrasqueiras) mais alto do que o de vendas poderia indicar que a empresa estava "inflando as vendas" para aumentar os resultados em curto prazo.

Victoria não entendeu. Danny pediu que ela verificasse a página 4 do relatório. As vendas dos últimos três meses tiveram um significativo crescimento de 20% em relação ao trimestre anterior, o que tornava a empresa bastante atraente. Contudo, mesmo registrando um bom aumento nas vendas, a Grill King não havia cobrado todo o dinheiro ainda. As contas a receber, que representam o montante a ser pago pelas vendas, tiveram aumento de 40% no último trimestre. Portanto, como vendiam sem se preocupar com o amanhã, adotaram um método mais elástico de cobrança.

Paul não parecia nem um pouco preocupado. A empresa em que trabalhava sempre oferecia condições especiais para gerar vendas. Mas Danny demonstrara que a promoção da Grill King era incomum. Como um bom contador forense, foi a campo e procurou o gerente do Walmart local, que fazia parte de sua carteira de clientes. O gerente contou-lhe que nunca vira uma promoção parecida com a que Grill King vinha praticando atualmente. Explicou que o Walmart poderia comprar as churrasqueiras em consignação, ou seja, caso a mercadoria não fosse vendida, cancelariam o pedido e devolveriam as grelhas.

Enquanto Paul permanecia calado, Victoria fazia mais perguntas. Danny esclareceu que, ao mesmo tempo em que era um excelente negócio para o Walmart, essa manobra dava a impressão de que a Grill King estava vendendo uma quantidade enorme de churrasqueiras. Entretanto, esse era um benefício em curto prazo para a Grill King, pois o inchaço das saídas aos canais de distribuição sacrificava a consistência das vendas em longo prazo. Enquanto seus estoques permanecessem cheios, o Walmart não compraria mais nenhuma churrasqueira da Grill King. Se novas tendências de mercado apontassem para a mudança de churrasqueiras a gás para as tradicionais grelhas a carvão, por exemplo, o Walmart simplesmente devolveria as grelhas sem pagar nada, deixando a Grill King com um enorme estoque encalhado e ultrapassado.

Como Danny explicara, o panorama da Grill King para os próximos anos não era bom. Além disso, ele tinha a impressão de que o conglomerado lançara mão dessa estratégia de maneira premeditada, a fim de aumentar as vendas imediatas e justificar o alto preço pedido pela divisão da Grill King.

Para Victoria, isso já era o bastante. Depois de assimilar melhor as informações bombásticas do cunhado, Paul concordou com a opinião dela. Do ponto de vista de Danny, o fato de os auditores da empresa permitirem que se contabilizassem tais transações como vendas realizadas, quando, na verdade, as churrasqueiras poderiam ser devolvidas sem pagamento a qualquer momento, já caracterizava uma prática contábil altamente inadequada. Mas Danny também percebeu que a empresa de contabilidade de âmbito nacional não só havia sido contratada para fazer a auditoria nos registros contábeis do conglomerado, como também recebia milhões de dólares pela prestação de serviços de consultoria, além dos honorários contábeis. Sendo assim, sua atuação estava comprometida, pois não constituíam uma parte independente e desinteressada na negociação. Ao contrário, esses auditores faziam parte do milionário trem que os colocava fora dos trilhos da ética profissional. Esse conflito de interesses punha em jogo a integridade das demonstrações financeiras de todo o conglomerado. Danny alertou a irmã e o cunhado de que, desse modo, seria difícil confiar em qualquer outro dado dos relatórios financeiros.

Victoria e Paul estavam convencidos. Havia muitos criminosos vestindo ternos caros e participando das negociatas de Wall Street. Com sua análise isenta e perspicaz, Danny os livrara de serem suas próximas vítimas.

Como Robert Kiyosaki aprendeu com seu pai rico, negócios e investimentos são esportes coletivos. Se você pretende investir em uma empresa, não abra mão de um bom contador. Um contador forense como Danny, que adora ir além dos números e descobrir o que realmente acontece, pode ser extremamente útil, particularmente quando você está adquirindo uma empresa com receitas e despesas expressivas.

É muito importante saber que, mesmo que os números apontem lucro, nem sempre a empresa está realmente lucrando. Escolha o contador certo para colocá-lo mais perto da verdade.

É importante que tanto os compradores quanto os vendedores saibam como os relatórios financeiros são apresentados e qual é a relevância deles.

Balanço Patrimonial

O balanço patrimonial é uma fotografia da situação financeira da empresa. Geralmente "tirada" no último dia do exercício social (no fim do ano, por exemplo), esse instantâneo mostra o ativo, o passivo e o patrimônio líquido, que é a diferença entre ativo e passivo, ou seja:

Ativo – passivo = patrimônio líquido.

Por refletir o total dos bens e direitos (ativo) menos as obrigações (passivo), o patrimônio líquido equivale ao valor contábil da empresa.

Aqui, o termo passivo está empregado no sentido estrito de *passivo exigível*. No Brasil, pela lei das Sociedades Anônimas, o conceito de passivo é mais amplo, abrangendo todo o lado direito do balanço patrimonial, que corresponde a passivo exigível mais patrimônio líquido.

O valor do patrimônio líquido geralmente é chamado de valor contábil da empresa. O valor de um objeto é o preço pelo qual poderia ser vendido menos o que ainda se deve por ele, ou o saldo de dívidas que foram contraídas para sua aquisição.

A depreciação permite que a empresa reduza o valor dos itens do ativo imobilizado à medida que sua vida útil diminui em razão do desgaste pelo uso e da obsolescência tecnológica. A depreciação aumenta com o tempo. Portanto, o valor contábil total dos ativos (valor líquido) é o preço de compra inicial de todos os ativos menos a depreciação acumulada desses ativos. Você e seu contador devem investigar o verdadeiro valor de mercado de determinados ativos. Digamos que um computador com três anos de vida depreciável esteja avaliado em US$2 mil para efeitos contábeis. Na verdade, esse computador pode ser inútil e estar encostado no fundo de algum armário. Esse "ativo" pode ser um item a ser renegociado.

O aumento dos ativos aumenta o patrimônio líquido. O aumento dos passivos (dívidas) e a dedução das despesas de depreciação diminuem o patrimônio líquido.

O patrimônio líquido é composto de capital social (quantia que os acionistas pagaram pelas ações da empresa), reservas e lucros acumulados (resultados não-distribuídos aos acionistas).

Para aumentar o patrimônio líquido, deve haver um aumento nos ativos sem endividamento. Se as obrigações aumentarem sem aumento dos ativos, o patrimônio líquido diminui.

Este é um esboço básico de um balanço patrimonial:

1. Ativo (itens classificados pela liquidez: rapidez com que se converte em caixa ou dinheiro):
    a. Circulante (caixa e itens conversíveis em caixa até o final do exercício social seguinte). Por exemplo, caixa, contas a receber e estoque.
    b. Imobilizado (fixo), por exemplo, terrenos, prédios e equipamentos.
2. Passivo:
    a. Circulante (dívidas e obrigações que vencem até o final do exercício social seguinte), como contas a pagar, provisões contábeis e juros a pagar sobre créditos.
    b. Exigível em longo prazo (dívidas e obrigações que vencem depois do final do exercício social seguinte). Empréstimos e financiamentos em longo prazo e debêntures, por exemplo.
3. Patrimônio líquido (valor contábil), abrangendo capital social, reservas e lucros acumulados. O patrimônio líquido, apresentado no fim do balanço, é uma fotografia do valor contábil da empresa, mas há outros dados a serem levados em conta para analisar o panorama mais amplo.

Qual é o elemento mais importante que deve ser entendido aqui? O item Contas a receber. Em quanto tempo a empresa receberá suas vendas a prazo?

Peça para o vendedor fornecer uma análise das contas a receber com base nos prazos de vencimento, incluindo:

- Quantos clientes concentram o maior volume de contas a receber e em que prazo liquidarão suas dívidas com a empresa?
- Quantas contas têm prazo superior a noventa dias? (Note que os credores podem não aceitar essas contas como garantia para um financiamento.)

Capítulo 7

- Que porcentagem das dívidas deve ser baixada dos livros contábeis?

Uma porcentagem elevada de contas a receber com vencimento superior a noventa dias pode apontar sérios problemas. Talvez o vendedor tenha relaxado de antemão ou talvez tenha ocorrido uma queda na qualidade da mercadoria e os clientes estejam se recusando a pagar.

Peça a seu contador para comparar o histórico real de dívidas incobráveis com a provisão para créditos de liquidação duvidosa no balanço patrimonial, a fim de verificar se a empresa provisionou o suficiente para cobrir devedores duvidosos.

Verifique os valores de contas a receber que se encontram em cobrança judicial ou que foram oferecidas como garantias de empréstimos. Peça a seu contador para analisar esses itens com toda a atenção.

Compradores, cuidado com grandes saltos no item contas a receber. Como no caso apresentado neste capítulo, eles podem ser um sinal de que o vendedor está tentando fazer com que a empresa pareça melhor do que realmente é. Na perspectiva de vender a empresa, o proprietário pode ter prorrogado o crédito de clientes aos quais normalmente não oferecia tal benefício.

Algumas empresas (como as comerciais e industriais) muitas vezes recorrem ao *factoring* para garantir o fluxo de entradas de caixa. Esse processo envolve a venda de contas a receber a uma empresa de *factoring* (agência especializada que atua como financeira intermediária) em troca de dinheiro à vista. A empresa de *factoring* notifica os devedores de que deverão pagar a dívida diretamente a ela e não mais à empresa X. Se houver alguma operação desse tipo, o comprador terá de verificá-la cuidadosamente para apurar se o *factor* comprou as contas a receber com ou sem direito a recurso. Quando um *factoring* prevê esse direito, a empresa continua responsável pelo pagamento caso a conta a receber não seja liquidada. Já nas operações sem recurso, o *factor* assume a perda ante o não-pagamento das contas a receber. De uma forma ou de outra, as contas envolvidas em um *factoring* deixam de fazer parte do ativo da empresa.

Procure notas promissórias a receber. Algumas representarão apenas o custo das operações da empresa, mas outras podem representar o dinheiro que o proprietário deve à companhia. Nesse caso, é fundamental descobrir se há alguma nota promissória exigível relacionada à dívida. Às vezes, quando o empréstimo é feito da empresa para o proprietário, não há uma promissória exigível. É prudente fazer uma provisão referente a quaisquer montantes de empréstimo a serem pagos no fechamento do negócio ou deduzidos do preço de compra. Ou então, você pode negociar de forma que os empréstimos do proprietário sejam anulados como parte do preço de compra. Verifique se todas as promissórias a receber relacionadas como ativos serão pagas em até um ano. Algumas notas podem ter sido contas a receber que não poderão mais ser cobradas. Se não foi possível cobrá-las até agora, por que tais notas se tornariam pagáveis no futuro? Você certamente não pretende pagar por promessas ilusórias.

Verifique também as contas a pagar. Os fornecedores geralmente concedem crédito às empresas. Fique atento aos acordos e às condições envolvidas nesse tipo de operação. Você pode deparar-se com dívidas a pagar no dia seguinte à aquisição da empresa. Além disso, desconfie se não existir nenhum acordo, pois isso pode indicar que a empresa tem se valido de descontos de pagamento financeiro ou que enfrenta problemas terríveis para levantar crédito, entre outras surpresas nefastas.

Também é necessário analisar cuidadosamente os títulos a pagar. Verifique se há ativos oferecidos como garantia a algum credor em pagamento de juros de títulos mobiliários. Mesmo se o comprador garantir que não há ativos dados em garantia, é importante confirmar essa informação por meio de uma busca nos cartórios de registro de imóveis (solicite uma "certidão de pé" dos imóveis da empresa) e no DETRAN (verifique se há algum veículo alienado no Sistema Nacional de Gravames). Um empréstimo ou contrato de garantia pode estabelecer que, se um ativo for transferido, como na venda da empresa, a obrigação será antecipada e o pagamento deverá ser feito imediatamente. Sem dúvida alguma, o comprador precisa saber disso.

Outro dado importante é que, se comprometidos em dívida ou obrigação, os ativos não poderão ser vendidos ou usados como garantia no futuro. Portanto, verifique também o tempo que falta até a quitação. Um título que vence até o final do exercício social seguinte faz parte do ativo circulante. O vencimento depois do exercício social seguinte o incluirá nas dívidas em longo prazo.

Verifique o valor do estoque. O que aparece no balanço patrimonial é somente o que a empresa pagou pelo estoque. Descubra o custo original, o valor atual de mercado e as condições de todos os itens do estoque. Se algo custava US$10/unidade há dois anos, talvez não valha mais isso hoje em virtude de mudanças no mercado, obsolescência ou simplesmente idade. Outra sugestão é classificar o estoque em matéria-prima, produção em andamento e produtos acabados. Obviamente, os produtos acabados valem mais do que a matéria-prima. É necessário saber o montante de cada categoria do estoque para avaliar seu real valor atual.

Capítulo 7

Ao analisar o custo do estoque, é interessante determinar como essa cifra foi alcançada. Os preços dos materiais, da mão de obra, dos produtos acabados alteram-se ao longo do tempo. Assim, a data de aquisição de qualquer item é um dado importante para determinar o custo. Quase todos os itens de estoque são etiquetados individualmente com a data em que foram adquiridos para que os números possam refletir as altas ou baixas dos custos de produção. O comprador deverá utilizar estimativas conservadoras para fins de avaliação de uma empresa e cálculos mais abrangentes para presumir os custos de produção. Para o comprador, é melhor subestimar do que superestimar. Já os vendedores obviamente desejam o oposto.

O ativo imobilizado geralmente inclui os itens de maior valor no balanço patrimonial. As contas de equipamentos e instalações podem incluir móveis, automóveis e caminhões, maquinário e outros itens que deverão permanecer na empresa por mais de um ano. Tais artigos são depreciados (baixados ao longo dos anos) e não contabilizados como despesas (baixados integralmente no ano da aquisição). Embora relacione esses itens e a depreciação acumulada, o balanço patrimonial não demonstra o valor real desses itens. Nem sempre a depreciação tem muito a ver com a vida útil dos itens ou corresponde ao valor de mercado ou ao custo de reposição. Um caminhão de US$50 mil depreciado ao longo de cinco anos pode ser lançado com o valor de US$30 mil após os dois primeiros anos de uso. No entanto, se esse caminhão foi sobrecarregado durante uma grande construção nesse mesmo período, seu valor pode nem chegar perto do que dizem os livros contábeis da empresa. Você precisa analisar e avaliar o verdadeiro valor de cada ativo.

Quanto ao passivo, descubra quem são os credores do atual proprietário e que tipos de despesas são incorridas. Para tanto, consulte o analista de contas a pagar do vendedor. Essa análise deverá incluir:

- Condições das dívidas e montantes a pagar
- Fornecedores específicos
- Com quantos fornecedores o vendedor tem dívidas e com quantos deles mantém algum tipo de relacionamento especial
- Se os empréstimos são do passivo circulante ou do exigível em longo prazo
- Taxas de juros e condições dos empréstimos

- Conceito bancário da empresa
- Se há alguma despesa provisionada significativa
- Se as obrigações fiscais são em curto ou longo prazo

Lembre-se de que tais obrigações provavelmente tornar-se-ão suas caso você assine um contrato de compra.

O patrimônio líquido deve dar uma ideia de como a empresa foi capitalizada pelos proprietários. Normalmente há dois componentes: capital integralizado (que reflete os montantes com os quais os proprietários efetivamente contribuíram) e os lucros acumulados na empresa ao longo dos anos.

Demonstração de Resultado

Enquanto o balanço patrimonial é uma fotografia da situação da empresa em um determinado instante, a demonstração do resultado rastreia as receitas e despesas de maneira padronizada, ao longo do tempo (normalmente a cada mês, trimestre ou ano). Segue um esboço:

1. Receita bruta das vendas e serviços. Há aumento ou diminuição nas vendas? Como as vendas se dividem entre os produtos? Quantos clientes movimentam as vendas?
2. Custo das mercadorias e serviços vendidos.
3. Lucro bruto (item nº 1 menos item nº 2).
4. Despesas (vendas, gerais e administrativas, financeiras e outras).
5. Lucro antes do imposto de renda (item nº 3 menos item nº 4).
6. Provisão para o imposto de renda.
7. Lucro líquido (item nº 5 menos item nº 6).
8. Dividendos dos acionistas.

Os dividendos dos acionistas são deduzidos do lucro líquido. Qualquer quantia restante é transferida ao balanço patrimonial como lucros acumulados.

O comprador deve tomar cuidado com o seguinte: um alto nível de devoluções de mercadorias pode significar uma grande quantidade de produtos de má qualidade. Se esse for o caso, tome cuidado com processos judiciais. Além disso, conforme ilustrado no último caso apresentado, existe a possibilidade de o vendedor lançar mão de aumentos artificiais nas vendas, concedendo crédito fácil a clientes que normalmente rejeitaria. Embora apareçam como receitas de vendas, talvez essas transações nunca se convertam em disponibilidade de caixa.

Os compradores devem tomar cuidado com altas nos custos de honorários profissionais (advocatícios e contábeis). Uma alta excessiva nos honorários contábeis pode significar que a empresa passou por uma fiscalização tributária. Se observar algum aumento digno de nota, peça para um contador fazer uma auditoria rigorosa nas declarações de imposto de renda para certificar-se de que não há nenhuma dívida astronômica com o fisco à sua espera. Uma alta nos honorários advocatícios pode indicar a abertura de um processo judicial. Você terá de indagar se há algum litígio ou acordo pendente. Essas são questões cruciais às quais você certamente terá de estar atento e que afetarão sua decisão de compra.

É importante comparar as margens de lucro bruto às das outras empresas do ramo. Você poderá obter informações sobre os padrões do setor em sindicatos ou associações comerciais.

Ao examinar a demonstração do resultado, observe se você faria alguma coisa de maneira diferente. Seja realista quanto ao que é possível mudar e analise quanto tempo seria necessário para operar tal mudança. Calcule quanto levaria para manobrar um petroleiro em comparação a um bote. O mesmo ocorre com empresas de diferentes portes: quanto maior a organização, mais tempo ela levará para alterar seu curso.

Projeções Financeiras

Os compradores analisam o passado para prever o futuro. As projeções financeiras facilitam a tarefa antecipando o futuro por meio da análise do passado. Se você estiver vendendo a empresa, deixe muito claro que o comprador tomará conhecimento de estimativas que consistem em previsões, não em garantias. Os auditores conseguem usar uma terminologia que traz transparência a essa distinção e normalmente são os profissionais mais indicados para preparar esse tipo de relatório. Os advogados podem incluir uma nota de exoneração de responsabilidade. Observe também que o uso das projeções tem passado por crivos cada vez mais rigorosos em virtude dos recentes escândalos contábeis. Como em todos os documentos, os números das projeções financeiras devem falar por si mesmos, sem declarações falsas sobre a condição financeira de sua empresa. Não caia na armadilha de dourar a pílula paulatinamente, culminando em um documento que nem de longe retrata a situação real de sua empresa. Essa manobra nada mais é do que uma bomba-relógio de responsabilidade legal que poderá explodir a qualquer momento nos próximos cinco anos ou mais. Você conseguiria dormir à noite sabendo dessa ameaça constante?

Isto posto, as projeções financeiras devem incluir:

- O desempenho da receita nos dois últimos anos.
- O desempenho da receita no ano em curso.
- O desempenho da receita nos próximos dois anos e do lucro antes do imposto de renda, recalculado para os dois últimos anos e projetado com base nos mesmos critérios para os próximos dois anos. O lucro recalculado é o resultado obtido depois da eliminação de certas despesas desnecessárias, contabilizadas apenas para reduzir o lucro tributável. Assim, a previsão de desempenho torna-se mais realista, sem subestimações para fins fiscais.

As previsões financeiras devem ser simples e esclarecedoras. Inclua toda a documentação necessária para fundamentá-las, mas mantenha-as em uma única página. Seja conciso. Uma projeção clara e bem preparada pode fazer a diferença entre um sim e um não em um pedido de empréstimo.

A projeção da demonstração do resultado deve incluir:

- Lucro bruto
- Custos de mão de obra
- Propaganda
- Aluguel e construção
- Serviços públicos, seguros e despesas de telefone
- Material de escritório, serviços profissionais e diversos

Os detalhes das demonstrações financeiras dos últimos cinco anos formam o corpo da projeção. Ainda assim, os compradores devem ser cautelosos. A desconfiança em relação ao otimismo excessivo de projeções de vendas astronômicas e despesas irrisórias, bem como a descoberta de despesas que o vendedor nunca encontrou, o ajudarão a certificar-se de que está comprando uma empresa à altura do preço de compra pedido.

O comprador precisa pensar que terá algumas despesas que o vendedor não tinha. Pode ser necessário trocar equipamentos antigos e, obviamente, o preço

Capítulo 7

da aquisição da empresa será computado nas demonstrações financeiras, dado inexistente na gestão do atual proprietário. Quanto custará a empresa, afinal? Em conclusão, a projeção deve ajudá-lo a determinar o montante com que deverá arcar nessa compra. Inclua todas as dívidas nos seus próprios cálculos projetados para ver se está a caminho de um bom negócio.

Ao reunir os dados para o relatório projetado, os compradores não devem tomar como base anos que incluem itens extraordinários, pois o objetivo é analisar o comportamento médio dos números ao longo do tempo. Se a receita recente parece promissora, tente descobrir o porquê. Essa é uma característica da empresa ou uma tendência ou fenômeno econômico temporário? Tente não ser o tipo de comprador que faz a aquisição em uma alta momentânea.

Demonstração de Fluxo de Caixa

Qualquer empresa precisa de disponibilidade em caixa, pois esse é o fluido vital que a mantém ativa. Sem isso, nem as vendas nem os lucros decorrentes delas poderão salvá-lo. Uma simples demonstração do fluxo de caixa mostrará como tem sido a movimentação de dinheiro da empresa durante o exercício social. Essa demonstração pode ser simples (como um extrato bancário) ou bastante complexa, e seu objetivo é detalhar as alterações na posição de caixa da empresa. As saídas (como no pagamento de dividendos aos acionistas) ou as entradas (como nas vendas de estoque ou no recebimento de uma dívida) devem ser acompanhadas. Analise atentamente se o EBITDA (LAJIDA — lucro antes dos juros, impostos, depreciação e amortização) é positivo, enquanto a geração de caixa operacional é negativa. Embora muitos consigam gerar EBITDA positivo, artifícios contábeis podem inflar facilmente esse resultado. O segredo está na geração de caixa operacional. Se esse número for negativo, em vez de produzir dinheiro (como sugeriria o EBITDA positivo), as operações estão consumindo dinheiro. Você certamente não deseja adquirir uma companhia nessas condições.

Confiabilidade: Auditoria versus Relatórios Financeiros Não Auditados

As auditorias são tão antigas quanto o capitalismo americano. Quando falamos em auditoria, não nos referimos à fiscalização tributária feita quando um fiscal da receita federal bate à sua porta com a notícia de que sua vida se tornará um inferno. Estamos falando de processos conduzidos por empresas de auditores independentes, contratadas para verificar se a contabilidade segue os PCGA (princípios contábeis geralmente aceitos) e para descobrir se nenhum número foi falsificado.

As auditorias surgiram para que as empresas americanas prestassem contas a seus investidores britânicos. Como não estavam nas redondezas para acompanhar a administração de suas fazendas de gado ou serrarias, contratavam contadores independentes para examinar os livros contábeis e reportar o resultado da análise. A função do auditor era representar o proprietário, não o administrador.

Do mesmo modo, a SEC (*Securities and Exchange Commission* — Comissão de Valores Mobiliários Norte-Americana)[1] exige que todas as empresas de capital aberto submetam seus indicadores financeiros à auditoria. A ideia é que o auditor independente represente os verdadeiros proprietários desse tipo de empresa — os acionistas — e verifique quanto a possíveis manipulações da administração nos registros contábeis. A quebra da Enron, gigante americana do setor de energia, testou a independência das empresas de auditoria externas e podemos estar certos quanto à implementação de padrões mais rígidos tanto nos Estados Unidos quanto nos outros países.

Em virtude do elevado custo dos processos de auditoria, várias empresas menores não dispõem de relatórios financeiros auditados. Nos exames comprobatórios relativos às atividades contábeis e financeiras, os auditores externos verificam duas vezes cada transação. Se não há recibos ou alguma forma de documentação, não é possível auditar a respectiva operação.

Uma forma simplificada de auditoria é a análise, na qual o contador não verifica cada transação, mas faz um trabalho por amostragem para certificar-se de que os PCGA estão sendo seguidos a contento. Ao terminar a análise, o contador atesta que a empresa atua corretamente e compila as informações reunidas no processo, apresentando um relatório final conhecido como compilação.

Portanto, uma auditoria oferece um certificado independente de todas as transações enquanto a análise revisa algumas operações e resulta em uma compilação que não se aprofundará em investigações independentes.

---

[1] O órgão equivalente no Brasil é a CVM (Comissão de Valores Mobiliários), uma autarquia federal vinculada ao Ministério da Fazenda, criada com o objetivo de fiscalizar, regulamentar e desenvolver o mercado de valores mobiliários, visando a seu fortalecimento. Para obter informações sobre a CVM, procedimentos de auditoria e abertura de capital, visite o site em www.cvm.gov.br.

Capítulo 7

A maioria das empresas colocadas à venda apresentará uma compilação de seus indicadores financeiros. Sendo assim, você precisa entender os princípios deste capítulo (e, de preferência, contratar um auditor independente em sua equipe), pois terá de fazer sua própria investigação. Contudo, mesmo com relatórios financeiros auditados pelas empresas de auditoria mais renomadas da cidade, vale a pena conduzir sua própria verificação da veracidade dos dados. Confie, mas verifique.

Outra questão surgirá se você pretende comprar uma empresa de capital fechado e transformá-la em uma empresa de capital aberto. Como já foi mencionado, a título de esclarecimento ao investidor, a SEC exige que todas as empresas de capital aberto submetam seus relatórios financeiros à auditoria. Portanto, se essa for sua intenção, será imprescindível verificar se todos os livros e registros contábeis estão em ordem para serem aprovados no crivo de uma auditoria externa. Se houver brechas que possam ser verificadas de modo independente, talvez a empresa não seja aprovada pela auditoria e, consequentemente, você não conseguirá abrir o capital da empresa.

O ideal é que o comprador obtenha relatórios financeiros preparados por um auditor externo, que inclui o parecer da auditoria. Se não encontrar esse documento, você não terá como saber quão confiável será o relatório. Seria uma auditoria ou uma mera compilação? O auditor externo simplesmente compilou o que recebeu do proprietário sem qualquer crivo ou análise? Se os livros contábeis da empresa foram compilados ou preparados internamente, é interessante propor que seu próprio contador tenha acesso aos registros e prepare relatórios financeiros atualizados.

Análise de Índices Financeiros

Os índices financeiros permitem comparações padronizadas entre demonstrações financeiras de diferentes empresas e/ou de vários períodos e ainda podem ser cotejados com os padrões setoriais.

Seguem alguns (certamente há outros) índices a serem considerados:

1. Índices de liquidez: a capacidade de uma empresa em pagar suas contas:
    a. Capital de giro = ativo circulante – passivo circulante
    b. Índice de liquidez corrente = ativo circulante / passivo circulante (acima de 2 o resultado é adequado e entre 1 e 1,5, baixo)

c. Quociente de liquidez imediata = [caixa (incluindo investimentos de alta liquidez) + contas e títulos a receber] / passivo circulante (esse índice não inclui estoque)
d. Quociente de vendas / contas a receber = vendas líquidas / contas e títulos a receber (demonstra com que rapidez as contas a receber serão convertidas em disponibilidade de caixa — um quociente maior implica giro de caixa menor; para computar por quanto tempo as contas a receber permanecerão em aberto, divida o quociente de vendas / contas a receber por 365)
e. Quociente de estoque em relação às vendas = custo das mercadorias vendidas / estoque (mede o número de giros de estoque em um ano — um índice elevado implica giro mais rápido. Para computar por quanto tempo um item comum permanece em estoque, divida o quociente do custo das mercadorias vendidas / estoque por 365)
f. Endividamento = (passivo circulante + exigível em longo prazo) / total do passivo (inclusive patrimônio líquido) (mede o nível de endividamento da empresa — deve ser significativamente menor que 1)

2. Índices de financiamentos: atratividade a um credor:
   a. Índice de cobertura = LAJI (Lucro Antes dos Juros e Impostos) / despesas de juros (um índice alto indica que a empresa deve conseguir honrar as despesas de juros)
   b. Quociente de geração de caixa / vencimentos em curto prazo = lucro líquido acrescido das despesas que não acarretam saídas de caixa (principalmente depreciação, exaustão e amortização) dividido pelos juros e pela amortização vencíveis em curto prazo dos empréstimos e financiamentos (mede a capacidade de geração de caixa em relação ao serviço da dívida)
   c. Quociente do passivo / patrimônio líquido = total do passivo / patrimônio líquido

3. Índices operacionais e administrativos:
   a. Quociente do lucro / ativo = (lucro antes dos impostos / total do ativo) x 100 (quanto maior a porcentagem, maior a capacidade da empresa de gerar lucro com o capital investido)
   b. Margem líquida = lucro líquido / vendas líquidas

c. Quociente do custo de marketing = [(total de vendas + custos de marketing) / total de vendas] x 100 (resulta na porcentagem do dinheiro das vendas gasto nas operações de vendas e marketing)
d. Retorno sobre o patrimônio líquido = lucro líquido / patrimônio líquido (mede o lucro líquido como porcentagem do patrimônio líquido, ou seja, dá a rentabilidade do patrimônio líquido)
e. Índice preço/lucro = preço da ação / (lucro nos últimos 12 meses / número de ações emitidas) (mede em quanto tempo o lucro por ação paga o preço da ação)

Os índices podem ser comparados aos de empresas semelhantes. Um bom intermediário na compra e venda de empresas terá esses indicadores à mão ou você poderá encontrá-los sozinho. A Dun & Bradstreet (D&B), líder mundial no fornecimento de informações empresariais, é uma boa fonte para suas pesquisas. As informações dos últimos cinco anos poderão ajudá-lo a acompanhar as tendências da empresa que você pretende comprar, além de comparar tais tendências a empresas semelhantes. Lembre-se de que todos os dados financeiros contam como foi o desenvolvimento da empresa no passado. Use-os como um guia para saber como você poderá mudar a empresa para aumentar o lucro, mas não os tome como base para prever o futuro.

Ouça o conselho do guru dos investimentos, o norte-americano Warren Buffett. Segundo a regra desse financista bilionário, um dos investidores de maior sucesso de todos os tempos, não compre uma empresa se não souber como ela ganha dinheiro. Você precisa entender que a contabilidade pode ofuscar e iludir. Essa ciência pode ser o equivalente profissional da fumaça e dos espelhos. A menos que você tenha uma compreensão bastante clara dos meandros dos indicadores financeiros de uma empresa, é melhor nem pensar em adquiri-la.

Sendo assim, o próximo passo é aprender a identificar o passivo.

Dicas do Pai Rico

- Não caia na rede de vendedores de empresas que não querem ou não podem fornecer informações financeiras completas.
- O lucro contábil nem sempre é lucro de verdade. Vá fundo e esmiúce os relatórios financeiros da empresa.
- Não deixe de analisar o item contas a receber da empresa. As informações resultantes dessa análise dirão muito a respeito do negócio.

Capítulo 7

Capítulo 8

Passivo

Caso Nº 8 — Morgan e Gordon

Morgan era dona de uma empresa de autopeças e funilaria na zona leste de uma cidade americana. A Morgan's Auto Body & Paint, Inc. sempre apresentou bom desempenho, em parte por causa do carisma e charme de Morgan, que sabia como tratar os inspetores das seguradoras e os proprietários de revendedoras de carros, que passavam inúmeros negócios para sua empresa.

Após vários anos desenvolvendo o negócio, Morgan decidiu aposentar-se e mudar-se para Maui (Havaí, EUA), Key West (sul da Flórida) ou outro local tropical dos Estados Unidos. Com esse plano em mente, colocou a funilaria à venda.

Depois de longos anos de atuação discreta no mercado, Gordon decidiu dar uma olhada na Morgan's Auto Body & Paint, Inc., pois estava bastante curioso. Morgan gozava de boa reputação na cidade e era considerada uma empresária que mantinha os custos baixos e uma boa movimentação na oficina. Tinha sempre equipamentos novos e mantinha a funilaria limpa. A única desvantagem para Gordon era que a empresa ficava em uma antiga área industrial, longe do caminho em atual expansão na zona oeste da cidade. Entretanto, quando conversou sobre isso com Morgan, ela o convenceu da importância do prédio próprio. Em primeiro lugar, afirmou que todos os inspetores das seguradoras e outros clientes sabiam onde ficava a empresa e consideravam a localização confortável e de fácil acesso. Em segundo lugar, argumentou que uma oficina como a dela provavelmente não conseguiria alvará de funcionamento na zona oeste, por causa das leis municipais de zoneamento. E, em terceiro lugar, explicou que o prédio

Capítulo 8

estava incluído no preço de venda, o que, segundo ela, seria uma vantagem para Gordon. Afinal, é sempre melhor ser proprietário do que locatário.

Gordon ponderou muito sobre o negócio e começou a achar que seria viável. Poderia pedir um financiamento para comprar a empresa e o prédio, mas não tinha condições de pagar um advogado para ajudá-lo com toda a papelada. Pesquisou na internet, encontrou um contrato de compra de ativos e preencheu-o por conta própria.

Quando Gordon apresentou o contrato a Morgan, a empresária começou a fazer pequenos ajustes. Em vez de comprar os ativos — equipamentos, o prédio etc. —, ela queria que Gordon comprasse as ações da Morgan's Auto Body & Paint, Inc. e explicou que o acordo ficaria muito mais claro desse modo. Os ativos pertenciam à funilaria e já estavam em nome de Morgan's Auto Body & Paint, Inc. Sendo assim, não teriam o trabalho e o custo de transferir tudo para a empresa de Gordon. Na verdade, ressaltou, Gordon nem mesmo teria de gastar dinheiro com a constituição de nova empresa, pois simplesmente manteria a de Morgan.

Gordon estava bastante interessado em economizar com despesas legais e fazia sentido usar a empresa de Morgan, em vez de gastar dinheiro para abrir uma nova companhia.

Sendo assim, o documento foi alterado de contrato de compra de ativos para contrato de compra de ações. Em vez de comprar os ativos — os equipamentos, os clientes e o fundo de comércio —, Gordon compraria as ações da empresa diretamente de Morgan. Como a empresa era a dona dos ativos, de qualquer maneira a compra das ações resultaria na aquisição desses bens.

A venda se concretizou e Gordon comprou a empresa de Morgan, que pegou o dinheiro e foi para Belize.

Um mês depois, as autoridades ambientais do governo apareceram na funilaria. Uma análise indicou que há mais de quinze anos a empresa vinha lançando materiais perigosos em um reservatório coberto no fundo do prédio. Tinta, óleo e outros solventes contaminaram seriamente as reservas subterrâneas de água da área. Seria necessária a implementação de um projeto de milhões de dólares para resolver o problema. De acordo com as rígidas regras da CERCLA (Comprehensive Environmental Response, Compensation, and Liability Act — Lei de Responsabilidade, Compensação e Resposta Ambiental Abrangente) dos Estados Unidos, a empresa era responsável.

A ilustração a seguir mostra as diferenças entre a venda de ativos e a venda de ações.

Gordon protestou com veemência. Afinal, não jogara detritos perigosos em lugar algum. Nem sequer sabia sobre tal depósito coberto no fundo da oficina. Não tinha culpa da contaminação das águas subterrâneas. O oficial da EPA (Environmental Protection Agency — Agência de Proteção Ambiental dos Estados Unidos) sugeriu categórica e educadamente que Gordon procurasse um advogado.

Quando o empresário finalmente encontrou-se com um advogado, descobriu a dura realidade. Ao comprar as ações da empresa de Morgan, Gordon não só comprou os ativos, mas também assumiu todo o passivo (obrigações) da funilaria. O fato de não ter jogado detritos perigosos, Inc. no tal depósito não tinha a menor importância. Agora, Gordon era o único dono da empresa que cometera tal irregularidade e, a menos que tivesse tentado descobrir tal problema antes da compra, era também o único responsável.

Em seguida, o advogado explicou que, se em vez de comprar as ações, Gordon tivesse comprado os ativos da empresa, tudo isso teria sido evitado. Se tivesse comprado os bens e os levado para outro local, como pretendia inicialmente, não teria se tornado responsável pela irregularidade. Isso ocorre porque, ao comprar os ativos de uma empresa, o empresário não se torna responsável pelas dívidas e responsabilidades dessa entidade. Entretanto, ao adquirir a empresa, como o fez Gordon, o investidor compra todos os ativos e assume todo o passivo (obrigações).

O advogado explicou a Gordon que ele poderia mover uma ação contra Morgan por falsidade ideológica na venda e requerer que ela contribuísse no custeio do projeto para a solução do problema ambiental. No entanto, ela sumira para algum lugar em Belize e seria extremamente difícil, senão impossível, processar e cobrar alguma coisa da ex-empresária. Gordon estava arruinado.

Esse caso ilustra que há inúmeros riscos a serem analisados na compra e venda de uma empresa. É importante compreender se a transação consiste apenas na compra dos ativos (sem a inclusão de quaisquer obrigações), como em um contrato de venda de ativos, ou se as responsabilidades estão incluídas no pacote, como é o caso de um contrato de compra de ações.

No Brasil, a legislação básica sobre empresas inclui:

O Novo Código Civil (Lei nº 10.406, de 10 de janeiro de 2002, Livro II, artigos 966 a 1.195). Veja o texto na íntegra em www.mj.gov.br/sal/codigo_civil/indice.htm.

- A Lei de Sociedades Anônimas (Lei no 6.404, de 15 de dezembro de 1976), Veja o texto na íntegra em www.planalto.gov.br/ccivil_03/LEIS/L6404consol.htm.

Capítulo 8

- O Regulamento do Imposto de Renda (Decreto no 3.000, de 26 de março de 1999). O texto na íntegra está disponível em www.planalto.gov.br/ccivil_03/decreto/d3000.htm.

A compra de ativos é a aquisição de qualquer um, de alguns ou de todos os itens do ativo, como máquinas, estoques, veículos ou prédios, de toda uma linha de produção ou de uma fábrica inteira etc. Nesse caso, o comprador não assume passivos (obrigações) e a empresa subsiste como pessoa jurídica.

O sucessor (por incorporação, fusão, cisão, aquisição de controle ou incorporação de ações) assume todos os deveres e responsabilidades do sucedido, inclusive dívidas trabalhistas, tributárias e responsabilidades decorrentes do imóvel, danos ambientais entre outras. As normas sobre o assunto se encontram principalmente na legislação mencionada acima.

O site do SEBRAE (Serviço Brasileiro de Apoio às Micro e Pequenas Empresas) é rico em informações sobre vários aspectos de interesse do empreendedor. Confira as informações em www.sebrae.com.br. Outra excelente fonte de pesquisas é a CVM (Comissão de Valores Mobiliários). Visite o site em www.cvm.gov.br. Consulte sempre um advogado e um contador especialistas a cada passo das negociações.

Agora que você já tem uma noção sobre relatórios financeiros e sobre as obrigações e responsabilidades do comprador, a questão é: como avaliar a empresa?

Dicas do Pai Rico

- Se um vendedor insistir na venda das ações, não deixe de consultar um advogado para ficar a par das consequências.
- Se você estiver comprando uma empresa cujo processo de produção envolva de alguma maneira poluentes, como produtos químicos e solventes, redobre seus cuidados, inclusive consultando os órgãos de controle ambiental.
- É fundamental analisar a viabilidade e o custo de um seguro de responsabilidade civil.

Capítulo 9

Avaliação

Caso Nº 9 — Tommy e Vinny

Tommy ralou muito a vida inteira. Trabalhando em dois empregos para sustentar a família, conseguiu economizar o suficiente para começar a procurar uma empresa para comprar.

Tommy relacionava-se muito bem com as pessoas. Sabia contar histórias como ninguém e era um motivador espontâneo. Sua família e esposa sentiam que, se ele encontrasse a empresa certa para sua personalidade extrovertida e autêntica, teria muito sucesso.

A questão era: qual seria a empresa adequada para Tommy? Respondida a dúvida, seria necessário analisar se havia recursos suficientes para a compra.

Começou visitando uma feira de empresas para conhecer as oportunidades na área de franquias. Tommy lera que essa era uma das modalidades mais seguras para os empresários iniciantes porque o índice de fracassos era menor do que o das novas empresas não-franqueadas. Segundo essa publicação, a vantagem era que o franqueador e os primeiros franqueados já haviam cometido todos os erros dos iniciantes, tornando a curva de aprendizagem menos íngreme.

Entretanto, ao considerar as oportunidades de franquia encontradas na feira, Tommy esbarrou em duas questões. A primeira: os franqueadores pediam altas taxas. Seriam necessárias dezenas de milhares de dólares a princípio, além dos royalties pagos mensalmente pelo resto da vida. Tommy certamente reconhecia que, se a franquia certa gerasse a receita certa, as taxas valeriam a pena.

Capítulo 9

Mas aí começava a segunda questão: Tommy não conseguia descobrir a franquia certa. Não tinha a menor vontade de se tornar um lavador de carpetes, muito menos chapeiro de lanchonete ou serralheiro. Não havia nada de errado com essas atividades, mas Tommy e sua família sabiam que era preciso encontrar a empresa compatível com sua personalidade, para alcançar o sucesso. Além disso, estavam cientes de que teriam uma única oportunidade de aplicar o dinheiro que lutaram a vida inteira para economizar. Portanto, não poderiam errar.

Assim, Tommy continuou procurando. Lia o caderno de oportunidades nos jornais locais e conversava com os intermediários na compra e venda de empresas da região. Nunca imaginou que havia tantos negócios à venda.

Nem com a intensa procura encontrava o negócio certo. A essa altura, Tommy começou a ficar impaciente. Mantinha os dois empregos, mas seu desejo era montar sua própria empresa. Pensou em desligar-se dos dois empregos para se concentrar nas pesquisas, mas sua esposa o acalmou. Afinal, fechariam um negócio único e, assim sendo, não tinham pressa.

Então, sua esposa teve uma ideia que, a princípio, parecia excêntrica. Sugeriu que Tommy conversasse com seu primo de segundo grau, Vinny, que trabalhava como psicólogo em uma universidade estadual a três horas de onde moravam. Tommy achou estranho. Não precisava que um psiquiatra lhe dissesse que empresa deveria adquirir. Mas sua esposa explicou que Vinny não era psiquiatra, mas Ph.D. em psicologia e que, portanto, tratava de questões relacionadas à personalidade, não a transtornos psiquiátricos. Tommy precisava encontrar um negócio compatível com seu jeito de ser, que, como sua esposa fez questão de ressaltar, era simplesmente encantador.

Ao encontrar-se com Vinny, Tommy logo lembrou-se de como esse parente era um sujeito agradável. Vinny contou-lhe que fizera este exercício com vários clientes e que gostava bastante dessa atividade, que vinha ajudando empreendedores a encontrar a empresa certa.

Vinny chamava esse trabalho de terapia ocupacional porque ajudava a orientar as pessoas que não estavam felizes com suas carreiras e que precisavam de um desafio maior. Era um método sistemático para descobrir qual seria a melhor empresa, tanto do ponto de vista emocional quanto do lado prático. Tommy acomodou-se na cadeira.

Vinny explicou que havia três fatores a serem considerados: 1) a personalidade e os interesses de Tommy; 2) suas aptidões e habilidades; e 3) os aspectos práticos e financeiros da situação.

"Para início de conversa precisamos avaliar sua personalidade e seus interesses. Chamo essa etapa de 'buscar no fundo do coração', pois é lá que você terá uma chance de colocar de lado todas as preocupações financeiras e práticas e pensar no que realmente deseja para sua vida profissional. Se pudesse ser dono de alguma empresa neste mundo, que tipo de negócio seria?", esclareceu.

Tommy deu um suspiro fundo e Vinny notou que franzira a testa enquanto refletia sobre a questão. Era como se nunca tivesse se dado o trabalho de pensar no assunto sob outro prisma que não fosse o pragmático. Afinal, estava pensando em uma franquia, o que, na prática, era um *negócio de outra pessoa*. Minutos depois, Tommy relaxou o semblante e aprumou-se, dizendo:

"Gosto mesmo é de lidar com as pessoas, gosto de vendas, mas meu real objetivo é vender algo que as pessoas valorizem e apreciem, e que possa até lhes proporcionar um sentimento de orgulho."

"Isso parece ótimo", observou Vinny enquanto tomava notas. "Agora, quero que você me fale sobre seus pontos fortes. Pense em todos os empregos que já teve e no seu desempenho escolar, e conte-me quais habilidades o destacavam dos demais. Se não conseguir pensar em nada, posso aplicar-lhe um teste que talvez traga à tona algumas dessas aptidões."

"Sempre tive o dom da conversa", disparou sem pestanejar. "Por exemplo, quando estudava no ensino fundamental, vendia mais rifas do que qualquer outra criança porque sempre fazia os adultos rirem. Mesmo tendo apenas nove anos de idade, conseguia vender como um experiente vendedor de carros e as pessoas adoravam isso. Além do mais, gostava dessa atividade, pois sentia que estava fazendo algo importante. Afinal, todo o dinheiro arrecadado era destinado à compra de uniformes para o nosso time de futebol."

"Fico feliz em ver que você se conhece tão bem", surpreendeu-se Vinny, olhando por cima do bloco de notas. "A maioria das pessoas tem dificuldade em perceber quais são suas próprias habilidades. Geralmente, tenho de aplicar um teste de aptidão ocupacional." Baixou o olhar novamente e continuou. "Uma última pergunta: levando em conta suas finanças e sua vida pessoal, que tipo de negócio você acha que poderia tocar?"

"Não estou certo de que entendi direito sua pergunta", retrucou Tommy. "Você está falando do tamanho da empresa ou do tipo de atividade comercial?"

"Falo de ambos. Conte-me quanto pode investir e qual o tamanho deverá ter sua futura empresa."

Capítulo 9

"Bem, com um empréstimo somado às minhas economias, posso investir US$50 mil. Quanto ao tamanho, não quero crescer muito. Talvez contrate um ou dois funcionários para atender ao telefone etc."

Quando a entrevista e o processo chegaram ao fim, os dois encontraram um tipo de empresa que deixou Tommy realmente empolgado.

Tommy entraria no ramo de brindes promocionais — canetas, canecas, camisetas e afins, impressos com o nome de uma empresa. Era um setor competitivo, mas Tommy era vibrante, sociável e tinha o dom natural para vendas. Conhecia muitas pessoas na cidade que poderiam usar seus serviços e, com base na regra dos 80/20, segundo a qual 80% dos negócios são concretizados por 20% da força de vendas (composta pelos melhores vendedores), um vendedor conseguiria ter ganhos acima de US$250 mil ao ano. Tommy estava certo de que faria parte desse seleto grupo.

A questão crucial agora era saber se compraria uma franquia ou iniciaria sua própria empresa de brindes promocionais do zero. As oportunidades de franchising pareciam interessantes e, para alguns, seriam o caminho certo, mas Tommy não queria se sentir limitado pelas restrições territoriais do franqueador. Sua meta era vender para qualquer pessoa em qualquer lugar.

E, assim, Tommy abriu sua própria empresa de brindes promocionais e teve um sucesso estrondoso.

Como a maioria dos leitores já deve ter descoberto, a moral dessa história é que há várias maneiras de se avaliar um negócio e veremos uma série de métodos tradicionais daqui a pouco. Mas, antes de colocar um centavo que seja em uma empresa, é preciso avaliá-la em termos do que ela significa para você: seu negócio será uma fonte de recursos e, tomara, uma bênção. Por outro lado, assim como um filho, também significará um compromisso imenso e uma extensão de sua própria personalidade. Será uma expressão da forma como as pessoas o veem e de como você enxerga a si mesmo. É importante reconhecer esses valores a princípio.

O objetivo aqui é diminuir a intensidade da euforia para não tomar decisões precipitadas. Sem dúvida, muitas são as decisões, mas elas devem ser tomadas no momento certo, após profunda análise. Está lembrado do caso de Paul, Victoria e Danny com a Grill King, empresa de churrasqueiras a gás? Era vital arrefecer a pressa de fechar o negócio e somente fazê-lo depois uma análise nua e crua dos relatórios financeiros. Do mesmo modo, no caso de Tommy, a pressa em decidir precisava ser temperada com uma avaliação pessoal da questão. Muitas pessoas terão uma única chance de abrir um negócio próprio. E várias permanecerão nesse negócio até o fim da vida. Dada a importância quase vitalícia da decisão, a avaliação — a análise extremamente pessoal de uma empresa — é crucial.

Muito bem, agora que terminamos nossa análise da realidade, vejamos atentamente quais são os próximos passos. Você chegou a uma decisão quanto à importância de uma determinada empresa sob o ponto de vista pessoal. Mas como decidir quanto ao valor financeiro do negócio?

As empresas não são postas à venda com etiquetas de preço, nem com relatórios ao consumidor, tampouco com comparações de fácil análise. Avaliar o preço de uma empresa é, na melhor das hipóteses, uma ciência inexata. Contudo, chegar a um valor para a empresa talvez seja a etapa mais importante de todo o processo de aquisição. Os vendedores precisam definir um preço que atrairá o interesse e os adquirentes precisam saber se o preço é justo.

Compradores: embora seu contador possa ser um recurso valioso, você deve ao menos ter uma noção de como se avalia uma empresa. Desse modo, poderá fazer alguns cálculos preliminares por conta própria e começar a separar o joio do trigo.

É importante lembrar que uma empresa tem apenas três itens a vender: os ativos, o potencial desses itens de gerar lucros e o fundo de comércio, que é o valor intangível de atuar no setor. Como a aquisição de uma empresa envolve riscos, a pergunta é: o investimento que você está prestes a fazer trará melhor retorno do que os outros investimentos? Seu dinheiro renderia mais no banco, no mercado de ações ou aplicado em imóveis? Ou você teria melhores retornos, ou talvez mais riscos, comprando uma empresa? A avaliação da empresa está aliada à reflexão feita ao responder a essas perguntas. Se a avaliação for muito alta, o comprador verá um retorno menor. Em última análise, a questão é quanto você está disposto a gastar.

No entanto, o mundo da intermediação na compra e venda de empresas desenvolveu métodos para quantificar a ciência inexata da avaliação de negócios. A grosso modo, alguns profissionais usam essas estimativas como se fossem imutáveis leis da física. Não se abale por causa de um intermediário que insiste na ideia de que a abordagem agressiva e rápida da venda de ativos indica que a empresa vale exatamente US$1 milhão. Se você está disposto a pagar somente US$750 mil pela empresa, esse é o único método de avaliação que o interessa. Não deixe que ninguém o convença do contrário. Não se trata de denegrir os esforços dos avaliadores profissionais que, na maioria dos casos, procuram chegar a um número justo e razoável. A intenção é lembrá-lo de que, como as avaliações são opiniões, não fatos, deve prevalecer sua opinião.

Capítulo 9

Como esses métodos não são baseados em cálculos exatos, é importante saber em que consistem, mesmo que seja para encontrar falhas em sua vantagem. Segue-se uma rápida análise.

As abordagens de avaliação baseiam-se nos seguintes princípios de análise. Pode ser útil lembrar-se deles na hora da negociação:

- O Princípio dos Benefícios Futuros: valores econômicos refletem os benefícios futuros antecipados.
- O Princípio da Substituição: as partes têm a opção de um substituto igualmente desejável.
- O Princípio das Alternativas: cada parte em todo tipo de transação tem alternativas para consumar qualquer tipo de transação.

Está lembrado de como falamos sobre afastar-se de um negócio se sentir que ele não se encaixa perfeitamente com suas características pessoais? Essa atitude nada mais é do que o princípio das alternativas em ação.

A seguir, veremos abordagens de avaliação baseadas nesses princípios:

Método de comparação do mercado. Como o nome sugere, essa abordagem trata do valor justo de mercado — o preço que uma empresa de tamanho similar no mesmo setor teria se estivesse à venda. Entretanto, o problema é que não existem duas empresas iguais. Na melhor das hipóteses, é difícil fazer comparações precisas; no pior dos casos, tais comparações são impossíveis. Ainda que existissem empresas tão semelhantes, vendidas em um período razoável, o fato é que não existem informações disponíveis sobre tais transações.

Método dos ativos. Se uma empresa possui vários bens materiais à venda, esse é um método comum de avaliação. Presume-se que o valor da empresa seja equivalente ao valor dos bens, o que, obviamente, pode não ser um cálculo preciso. Quase todas as empresas possuem valores intangíveis (listas de clientes, localização, pactos de não-concorrência etc.) que não são levados em conta no método dos ativos. Não considerar a receita futura a ser gerada por esses ativos tangíveis e intangíveis torna esta abordagem um tanto suspeita.

Método do ativo líquido ajustado. Para obter uma análise mais precisa do que a da abordagem anterior, este método avalia o ativo, o passivo e os bens intangíveis. Em seguida, subtrai o valor do passivo do montante do ativo e adiciona o valor dos bens intangíveis.

Abordagem dos lucros. O método mais utilizado é o que prioriza os lucros. De acordo com o princípio dos benefícios futuros, esta abordagem mede o valor dos lucros e dá origem a quatro metodologias diferentes de avaliação:

1. *Capitalização dos lucros.* Esta técnica valoriza o potencial de ganhos da empresa (usando uma taxa de capitalização), atribuindo pouca importância aos ativos em si. Para efeitos de cálculo, partiremos do princípio de que os lucros futuros serão iguais aos do passado (em uma retrospectiva dos últimos três a cinco anos). Relacione os lucros líquidos de cada ano e multiplique o montante por um índice de capitalização para chegar ao valor da empresa. A parte complicada dessa abordagem é descobrir o melhor índice de capitalização para a empresa a ser adquirida. O comprador ou seu contador terá de pesquisar para descobrir o índice mais preciso a ser usado, geralmente entre 8% e 14%.

2. *Fluxo de caixa descontado.* O objetivo deste método é determinar o valor presente de todo o dinheiro a ser ganho no futuro, ou seja, a quantia que, disponível hoje, investida a determinada taxa de retorno, seria capaz de gerar no futuro o mesmo fluxo de caixa. Como no método de capitalização dos lucros, esta técnica parte dos lucros como base de avaliação. Contudo, por se tratar de geração de caixa, ajusta-se o lucro líquido com base na inclusão ou na exclusão das receitas e despesas que não geram entradas ou saídas de caixa. Além disso, enquanto o método de capitalização usa os dados históricos, a técnica do fluxo de caixa descontado projeta a geração de caixa futura, a partir das previsões de lucro líquido, geralmente para um período de três a dez anos. Os cálculos de rentabilidade futura precisam considerar como o comprador pode ou modificará a empresa. É necessário levar em conta eventuais reduções de despesas, aumentos em propaganda etc. Em seguida, os lucros projetados, convertidos em geração de caixa, são descontados de acordo com um índice específico. Aqui aparece a dificuldade: escolher a taxa de desconto. Para tanto, geralmente leva-se em conta o retorno esperado sobre os ativos, o grau de risco e os níveis de dívidas e do patrimônio líquido. Este é um processo complexo e não deve ser feito sem a ajuda de um profissional com experiência neste tipo de avaliação.

3. *Multiplicador do coeficiente (métodos empíricos do setor).* Cada setor tem uma fórmula que pode ser aplicada como um cálculo empírico para che-

gar-se a uma estimativa numérica. Esses multiplicadores incluem as vendas, mas não os lucros, e podem ser encontrados em associações do setor ou em entidades voltadas ao empresariado (por exemplo, o SEBRAE). O uso de multiplicadores é um método um tanto simplista (em geral impreciso) de avaliação de empresas. Entretanto, pode ser útil para uma análise inicial do preço proposto pelo vendedor, especialmente na avaliação de empresas do setor de serviços, quando é mais utilizado.

O Ponto de Vista do Vendedor

Na hora de avaliar a empresa, muitos vendedores são levados pela emoção. Na verdade, a maioria não entende exatamente o que compõe o valor de uma empresa. Como vendedor, talvez você esteja avaliando o negócio com base em mudanças a serem efetuadas no futuro, de acordo com suas perspectivas. No entanto, seus planos para o futuro dependem de como você conduz os negócios. O comprador é um empreendedor totalmente diferente e é bem possível que não seja capaz de produzir os mesmos resultados, e talvez nem sejam esses os objetivos dele ou dela. O que você não fez pouco importa para o comprador. Se você acha que certas mudanças aumentarão o valor da empresa, faça-as antes da venda.

Por outro lado, o desempenho no passado tem uma importância intangível que pode aumentar ou diminuir o valor dos bens materiais. Uma performance acima da média aumentará proporcionalmente o valor da empresa.

Certifique-se de que você não está avaliando a empresa fora do preço de mercado. A avaliação deve seguir uma série de fatores e a emoção não é um deles. Conceber argumentos que não condizem totalmente com a verdade até faz parte da natureza humana e não é raro o vendedor deixar que seu envolvimento prevaleça sobre a opinião de um profissional abalizado e, às vezes, sobre o bom senso.

O Ponto de Vista do Comprador

Como já foi dito, não confie no que o vendedor ou o intermediário disser a respeito de uma empresa, especialmente quando o assunto é o valor dela. O vendedor pode entregar-lhe uma avaliação do negócio, na esperança de que você a aceitará de cara. Não caia nessa. Envolva sua equipe de especialistas no processo. Se preferir, use todos os métodos de avaliação descritos neste capítulo como parâmetro e verifique duas vezes para confirmar se o preço parece justo. Por não terem interesses financeiros (ao contrário do vendedor e/ou do corretor da empresa), os integrantes de sua equipe são conselheiros confiáveis para ajudá-lo em suas ideias e decisões.

Não se esqueça de que, na maioria das vezes, o preço inicial é o mais alto possível. Os vendedores esperam o andamento das negociações para baixarem o preço. No entanto, se o vendedor tiver contratado um profissional para fazer a avaliação, é mais provável que o preço pedido esteja dentro da realidade e que não haja muita margem para barganhas. Ainda assim, a diferença entre o preço inicial e o de venda tende a ser de 10% a 25%. Em alguns casos, pode ser até maior, o que ressalta a importância de entender o mercado quando se trata desse tipo de negócio.

Fundo de Comércio

É realmente inacreditável que um dos termos mais comuns envolvidos na compra e venda de uma empresa seja exatamente o mais difícil de se quantificar.

O fundo de comércio pode ser definido como o valor atribuído ao tempo em que a empresa está no mercado, está relacionado a seu reconhecimento e boa reputação. No calor das negociações, o vendedor também pode ver o fundo de comércio como o lucro a ser obtido, acima do custo dos utensílios e equipamentos, por ter mantido a empresa atuante depois de tantos anos. Do mesmo modo, o comprador pode entender que o fundo de comércio é uma visão inflada do vendedor quanto a seu próprio valor, algo entre o impraticável e o delírio, que deve ter o peso diminuído para que o acordo se torne viável.

Então, o que é fundo de comércio? Do ponto de vista contábil, é a diferença entre o preço de compra e o valor calculado dos bens. Se você pagar US$5 milhões por uma empresa cujos utensílios, móveis e equipamentos estejam avaliados em US$3 milhões, terá pago US$2 milhões pelo fundo de comércio da empresa. Ou seja, você pagou US$2 milhões porque: 1) a empresa atua no setor há um certo tempo, e 2) a combinação dos ativos tangíveis adquiridos com o fato de a empresa já estar no mercado fornece melhores condições para gerar receitas.

Como é possível avaliar precisamente os benefícios de atuar no setor e de gerar receitas? É possível contar os grãos de areia do deserto?

Não esquente a cabeça avaliando e supervalorizando o fundo de comércio como um número fixo. Em vez disso, trate-o como o resultado de um cálculo de subtração. O preço de compra menos o valor dos bens é igual ao valor do fundo de comércio de uma empresa. Se você diminuir o preço do ativo sem alterar o preço de compra, o fundo de comércio será maior. A questão geralmente gira em torno da relação entre o preço de compra e o fundo de comércio. Uma vez que os bens já foram avaliados, quanto você está disposto a pagar pelo fundo de comércio de uma empresa? Quanto menor o valor desse ativo intangível, menor o preço de compra.

Os vendedores argumentarão que a capacidade de gerar receitas, aliada ao fato de a empresa atuar no setor e de ser aclamada pelos clientes, é um bem valioso e praticamente incontestável. Os compradores se valerão do princípio das alternativas; ou seja, há sempre a possibilidade de abrir uma nova empresa ou de adquirir um negócio semelhante de menor porte. Sendo assim, o fundo de comércio representa o valor de não enfrentar o risco maior de começar do zero e de contar com o bom nome para prosperar no negócio atual. Para os compradores, o fundo de comércio representa uma conveniência, não algo determinante.

Em última análise, a avaliação do fundo de comércio é determinada de forma dinâmica durante as negociações. Portanto, lembre-se de que não se trata de um número fixo. Discorde com educação do vendedor/advogado/corretor que lhe disser o contrário.

Investigação Operacional

O comprador precisa entender todos os meandros específicos da empresa que pretende adquirir. Não basta determinar se o preço está correto. Para fazer um bom negócio, é necessário estar intimamente familiarizado com a empresa — com seu passado, presente e futuro. É crucial conhecer todos os riscos, implicações tributárias e aspectos das operações.

A investigação operacional é o segredo para entender a empresa a ser adquirida. Na verdade, essa análise deve ser feita antes da avaliação financeira. Como não existem duas empresas iguais, você terá de adaptar a lista de perguntas às suas necessidades e às do setor. Seguem algumas informações que certamente serão necessárias nessa investigação:

1. Quem é o dono da empresa? Descubra se a empresa é associada ou controlada de algum grupo empresarial maior, bem como os nomes dos acionistas, se for o caso.

2. O que a empresa vende? Parece uma pergunta óbvia, mas várias empresas têm mais de uma fonte de receita. É preciso saber e entender todas as vendas e o que cada categoria representa em termos de percentual dos ganhos e se estão crescendo ou diminuindo, e quando os produtos ou serviços foram ou serão adicionados.
3. Os produtos ou serviços serão afetados por mudanças tecnológicas?
4. Os produtos ou serviços estão protegidos contra a concorrência? Verifique se há patentes, marcas registradas ou direitos autorais e se eles são transferíveis.
5. Qual é a posição do produto ou serviço em relação aos similares do setor? Se a atividade for regulamentada por entidades do governo (federal ou estadual), provavelmente você encontrará relatórios disponíveis.
6. Quem são os clientes? É recomendável conhecer os dados demográficos; os maiores clientes e respectivas porcentagens das vendas, ou seja, o grau de concentração das vendas; o nível de fidelidade, os indicadores de retenção dos clientes e de repetição das vendas; os históricos dos pagamentos, os termos dos contratos e qual é a probabilidade de os clientes permanecerem na carteira após a mudança de proprietário.
7. Que tipo de crédito a empresa oferece aos clientes?
8. Quais são os atuais esforços de marketing, propaganda e de assessoria de imprensa? Peça informações sobre o sucesso ou o fracasso dessas iniciativas, bem como sobre o público-alvo, os planos futuros, as verbas disponíveis, as contribuições internas e externas e as indispensáveis comparações com os parâmetros do setor.
9. A empresa tem exclusividade em relação à produção ou à distribuição de direitos?
10. Quem são os concorrentes? Inclua informações sobre o número de empresas concorrentes; sobre a estrutura competitiva do setor; propaganda, marketing e promoções junto à imprensa; tendências da concorrência e mudanças futuras. Lembre-se do nosso caso com Hank, Kent e a reviravolta no setor de moldagem de injeção causada pela invasão das indústrias taiwanesas. Não deixe de considerar todas as formas possíveis, mesmo as mais remotas, de concorrência no futuro.

11. Quem são os fornecedores? Descubra sobre o relacionamento da empresa com os fornecedores, sobre sua reputação, qual o número de fornecedores, quanto a empresa confia em cada um deles, qual é situação do setor em que os fornecedores atuam e quais são as condições de pagamento.

12. Quem está no comando? Avalie o envolvimento do proprietário no negócio, a importância dos principais funcionários, os contratos (como pactos de não-concorrência) e o relacionamento com os funcionários.

13. Quem são os empregados? Descubra até que ponto os integrantes do quadro atual são indispensáveis, se pretendem ficar após a mudança de dono, quais são os termos dos contratos de trabalho e/ou dos acordos coletivos, a profundidade do mercado de mão de obra local em comparação às necessidades da empresa, o conteúdo dos manuais de funcionários ou operações, a situação e as habilidades dos supervisores, as relações dos funcionários com os clientes e com a administração e o(s) proprietário(s), os pacotes de remuneração e benefícios, os procedimentos da folha de pagamento, as práticas de contratação e demissão e de promoções e aumentos salariais, a produtividade da equipe atual, comparações com os padrões do setor em termos de remuneração e condições de trabalho, bem como a existência de programas de treinamento.

14. Qual é a localização da empresa? Preste atenção especial às instalações e aos contratos de aluguel. Inclua informações sobre as tendências das vizinhanças, uso apropriado do espaço, adequação das instalações, possibilidades e necessidades de expansão e restrições de zoneamento.

Os compradores devem ser cautelosos durante as negociações a respeito do preço pedido. Alguns podem até usar de uma certa encenação nesse ponto. Pense no princípio da substituição, ressaltando que também está analisando uma outra empresa semelhante. Evoque o princípio dos benefícios futuros, observando que é melhor que os números sejam plausíveis, pois, do contrário, seu cônjuge e sua família não lhe darão ouvidos.

Não importa qual seja a sua atitude, uma estratégia interessante é fazer o vendedor ajustar-se ao preço aceitável para você. Uma forma inicial de perguntar qual é o preço é enviar uma oferta de compra por escrito. Esta etapa envolve a séria intenção de compra aliada ao que você está disposto a pagar. No teatro, essa dinâmica é chamada de entrada dramática. Nos negócios, o efeito deve ser o mesmo.

A oferta deve conter todos os termos da proposta. Como o preço não quer dizer nada sem as condições, não cometa a tolice de separar os dois.

Com a oferta pronta, chegou a hora de dar início às verdadeiras negociações.

Dicas do Pai Rico

- Lembre-se de que sua avaliação pessoal da empresa é mais importante do que qualquer fórmula planejada pelo vendedor ou avaliador.
- O ágio ou deságio na compra de empresas, ou seja, basicamente a parcela atribuída a ativos intangíveis, como a boa reputação, em certos casos, deve ser contabilizado com base em normas específicas, inclusive com implicações tributárias. Consulte seu advogado e seu contador sobre essa questão.
- Consulte o site da CVM (Comissão de Valores Mobiliários) em www.cvm.gov.br ou o do SEBRAE (Serviço Brasileiro de Apoio às Micro e Pequenas Empresas) em www.sebrae.com.br, para obter informações sobre empresas semelhantes à que você procura. Veja nos registros dos valores mobiliários o que essas empresas relatam sobre o mercado, os lucros e as tendências do consumidor. Há informações valiosas nesses sites a custo zero.

Capítulo 9

Capítulo 10

Negociações

Caso Nº 10 — Pam, John e Brendan

Pam era dona de uma equipe franqueada da segunda divisão de beisebol, no sul do estado de Indiana, Estados Unidos. A equipe era bem administrada e sempre competitiva em campo. Os fiéis torcedores tinham orgulho dos jogadores, que tiveram ótimo desempenho nas ligas principais do esporte no país. O estádio tinha instalações confortáveis e outras atrações que o tornavam o local de entretenimento familiar favorito na região. Os esforços de marketing se concentravam para transformar o jogo em um divertido evento familiar.

Pam herdara a franquia de seu pai e a desenvolvera ao longo dos anos. Embora esta não fosse uma decisão fácil, chegara o momento de colocar a empresa à venda. Seu advogado, Brendan, assumiu a função de gerente geral e adorava o status que a posição lhe proporcionava junto à comunidade. E o trabalho, sem dúvida, era mais agradável do que advogar. Brendan ficou decepcionado quando Pam decidiu vender a equipe.

John era um conhecido revendedor de automóveis com cinco concessionárias na região. Fora jogador da segunda divisão e continuava um inveterado torcedor de beisebol. No âmbito dos negócios, sentia que havia alguma relação de marketing entre as concessionárias e a franquia de Pam. Em termos pessoais, ser o dono de uma equipe da segunda divisão seria mais do que gratificante: seria a realização de um sonho.

Pam sabia disso. Ela e John eram amigos. Em várias ocasiões mencionara que se Pam decidisse vender, ele teria um interesse enorme em comprar a franquia. Diante disso, Pam sentia-se estimulada em ir em frente com as negociações.

Capítulo 10

O primeiro passo seria verificar se a equipe aceitaria John como o novo proprietário. Times de beisebol, de primeira ou de segunda divisão, funcionam como uma irmandade bastante unida. O impacto de uma pessoa que não se encaixa é forte o suficiente para que a transferência da franquia seja rejeitada. Não há uma razão em especial, embora os motivos possam variar de má reputação ao uso de uma peruca ridícula. Mas John gozava de boa fama e tinha orgulho de sua careca. Sem dúvida, fazia parte da turma. Pam tinha sinal verde para negociar com ele.

John e Pam concordaram em deixar as negociações a cargo de seus advogados. John marcou uma reunião para que seus advogados, os dois sócios da Boyden & Christensen, P.C., conhecessem Brendan, gerente geral e advogado da franquia.

John e Pam já haviam consultado seus respectivos contadores quanto ao valor do time e os advogados estavam encarregados de negociar o melhor preço, além de outras questões como as condições de pagamento.

No entanto, os advogados não conseguiram nem chegar perto de um preço durante a reunião. Ninguém quis fazer uma oferta inicial com medo de dar um passo em falso: o vendedor temia pedir um preço muito baixo e o comprador, propor um preço elevado demais. Depois de muitas horas de encenação, que geraram inúmeras reuniões infrutíferas e milhares de dólares em honorários advocatícios, Pam cansou-se e determinou que Brendan fixasse um preço inicial.

Na reunião seguinte entre os três advogados, Boyden e Christensen ficaram ofendidos imediatamente com a proposta de Brendan. Como Pam poderia pedir tanto dinheiro por uma empresa sem nenhum potencial de crescimento? O valor era simplesmente ridículo. Boyden ficou tão irritado que se levantou e saiu da sala. Brendan logo entendeu que tudo não passava de um show. No entanto, Christensen começou a explicar que seu sócio costumava perder a cabeça com esse tipo de coisa, mas que eles dois poderiam resolver a questão. Foi aí que Brendan explodiu, acusando Christensen de usar uma das mais antigas artimanhas: o jogo do bom e do mau policial. Ele jamais cairia em uma armadilha tão clara. Esses dois achavam que ele era algum idiota? Indignado, Brendan levantou-se e foi embora.

As partes passaram semanas sem ter contato. Boyden e Christensen disseram a John que estavam fazendo um jogo duro (por assim dizer) em sua defesa e que não permitiriam que ele pagasse um centavo a mais do que valia a franquia. Também eram conhecidos em seu círculo de relações por serem duros nas negociações, com o intuito de se destacar e ter uma reputação cada vez melhor na região como advogados.

Brendan, por sua vez, disse a Pam que John, por intermédio de Boyden e Christensen, tentava roubar a equipe e garantiu-lhe que não permitiria que John obtivesse êxito em seu intento. Como seu advogado e gerente geral, ele defenderia os interesses de Pam, fosse a franquia vendida ou não.

Algo na expressão de Brendan ao proferir essa última afirmação deixou Pam preocupada. Ela se perguntava se o interesse dele em permanecer como gerente geral do time seria maior do que o de representá-la em uma venda bem-sucedida.

Uma semana depois, Pam encontrou John por acaso em um evento da comunidade. Após o mal-estar inicial, conversaram novamente como amigos. Pam confidenciou a John que talvez Brendan não estivesse muito interessado na concretização da venda da franquia. Pam sabia que Brendan gostava muito de ser o gerente geral do time e suspeitava que a perspectiva de ser substituído o estivesse afetando nas negociações.

Em resposta, John disse que talvez seus advogados também não estivessem ajudando muito, pois ouvira à boca miúda que Boyden & Christensen estavam usando a transação para melhorar sua fama local de negociadores inflexíveis. John ficou furioso em saber que seus advogados estavam gastando seu dinheiro e ignorando seus objetivos a fim de melhorar a própria reputação.

John e Pam acabaram dando risada sobre o absurdo de terem colocado as raposas para tomarem conta do galinheiro. Entre um drinque e outro, eles chegaram a um acordo quanto ao preço, aos termos e às condições de venda da franquia. Os dois contrataram um novo advogado de outra região para concluir a papelada necessária.

A moral dessa história é que, se pretende deixar que outras pessoas conduzam a negociação por você, esteja certo de que não existam objetivos ocultos. Um funcionário da administração, que pode perder o emprego com a venda, talvez não consiga manter-se imparcial em uma negociação. Um advogado cuja motivação seja gerar o máximo de honorários possível poderá arrastar as negociações ao ponto de levar ao fracasso um acordo perfeitamente viável por causa de sua má vontade. Afinal, o advogado receberá seus honorários quer o negócio se concretize ou não.

Seja você o vendedor ou o comprador, decida quem negociará em seu nome. Caso não se sinta à vontade para participar ativamente da negociação, ou se considerar prudente manter-se à distância, por motivos estratégicos, esteja certo de que seus representantes estejam imbuídos dos melhores interesses e sejam pessoas absolutamente idôneas.

Capítulo 10

Se não atingir esse nível de confiança em seus representantes, não tenha medo de envolver-se pessoalmente na negociação. Afinal, se seu futuro e seu dinheiro estão em jogo, quem pode ser a pessoa mais indicada para defendê-los?

Contudo, mesmo se decidir conduzir suas próprias negociações, você precisará da ajuda de um advogado. Embora nosso último caso tenha ressaltado algumas das desvantagens de usar os representantes errados, a intenção não é obscurecer o fato de que o advogado certo é imprescindível em todo o processo. Esses profissionais são especialmente úteis na identificação das possíveis responsabilidades legais pessoais decorrentes do acordo e em ajudar os compradores a se certificar de que os ativos são realmente transferíveis. O advogado verificará essa condição, bem como a existência das devidas permissões e licenças operacionais.

Os vendedores e compradores que realmente confiarem nos próprios advogados podem deixar as negociações a cargo deles. O advogado certo provavelmente é mais objetivo e, portanto, capaz de evitar que as emoções das partes interfiram na compra ou venda da empresa. Um bom advogado conhece os obstáculos e sabe o que revelar e o que manter em sigilo. Com ou sem a participação direta de seu advogado nas negociações, você precisará da ajuda desse profissional para identificar as áreas problemáticas e elaborar as versões preliminares da documentação. Lembra-se do que aconteceu com Gordon, no Caso nº 8, quando ele tentou se livrar das despesas com honorários advocatícios?

Do mesmo modo, não se esqueça de incluir seu contador no processo de negociação. Esse profissional pode alertá-lo quanto aos métodos a serem utilizados para fechar o negócio mais palatável e aconselhá-lo em relação ao impacto de cada metodologia. Às vezes, a mudança nas condições de pagamento é melhor do que a redução no preço. Por exemplo, se a proposta for um preço de compra de US$200 mil pagos em dez anos, a uma taxa de juros de 10%, seu contador poderá ajudá-lo a ver que US$200 mil pagos em oito anos, a 8% de juros, é uma oferta bem mais interessante. Se a contraoferta for aceita, seu contador terá ajudado você a economizar um bom dinheiro.

Como ilustrado no caso anterior, em algumas situações, o vendedor prefere que a oferta inicial seja feita pelo comprador e vice-versa. O vendedor espera que o comprador ofereça um valor acima do esperado e o comprador torce para que o vendedor proponha um preço abaixo do esperado. Ambos pensam em cifras que deixem margem a negociações. Em geral, é o vendedor quem propõe o preço inicial. Em alguns casos, definir o preço de venda antecipadamente é uma boa estratégia para o vendedor. Mais que um simples ponto de partida, essa atitude também serve para eliminar os curiosos de plantão, sempre prontos a roubar o tempo dos outros.

Os compradores nunca devem deixar transparecer quanto estão dispostos a pagar pela empresa. Os vendedores, por sua vez, nunca devem admitir o quanto estão ansiosos para se livrar do negócio. Não há espaço para emoções quando se trata de negociações. Esse jogo requer a mesma atitude usada em uma partida de pôquer. Não faça quaisquer comentários antes de consultar sua equipe de especialistas. Não há problema algum em dizer para o oponente que você submeterá os termos da proposta a seu contador, advogado e/ou Conselho de Administração.

As negociações geralmente envolvem dois componentes-chave: preço e condições de venda. No complexo reino da compra e venda de empresas, um aspecto é tão importante quanto o outro. Portanto, não se concentre apenas nos números. Saiba que as condições podem tornar um negócio mais interessante, na mesma medida do preço a ser pago.

As negociações são um processo complexo de oferta e contraoferta. Os norte-americanos tendem a chegar a um meio-termo. Proponho 10, você oferece 5 e fechamos a 7,5. Entretanto, uma negociação mais aprofundada pode proporcionar um acordo mais favorável. Vejamos o que acontece do ponto de vista do comprador. O vendedor pede US$100 mil. Você acha que a empresa vale cerca de US$65 mil e oferece US$50 mil. Para chegar ao meio-termo, o vendedor pede US$75 mil. Já foi dado um passo e tanto. Agora o vendedor espera que você avance para chegar a uma oferta de US$62,5 mil. No entanto, é melhor dar passos curtos a essa altura, para trazer o vendedor a seu nível. Ressalte que seu preço é US$50 mil, mas que você poderá chegar a US$55 mil. Explique por que mantém a oferta abaixo do valor pedido ou simplesmente diga que não pode pagar mais que isso. Seja você o vendedor ou o comprador, esteja sempre pronto a desistir do negócio se as negociações não se desenvolverem de acordo com o que você espera. Sempre é possível começar tudo de novo amanhã.

Se as negociações realmente empacam, pode ser um sinal de que o comprador ou o vendedor não estão tão interessados quanto parecem ou que não são os verdadeiros responsáveis pela decisão quanto à transação. Além disso, a verificação da veracidade das informações que o comprador deve fazer pode ter revelado aspectos negativos da empresa. Ou, ainda, talvez as condições das partes tenham mudado durante o período de negociação, que, às vezes, pode se estender mais do que o ideal. Aceite o fato de que nem todos os acordos são fechados, mas não desista prematuramente.

Capítulo 10

Como comprador, talvez você queira mudar as condições a fim de reduzir o preço. Seguem alguns termos que podem atrair o interesse do vendedor:

- Estruturar o acordo de modo a minimizar o pagamento de impostos pelo vendedor, sem prejuízo do planejamento tributário do comprador
- Estruturar o pagamento de forma parcelada.
- Oferecer ao vendedor um contrato de consultoria.
- Oferecer um preço maior em um prazo maior.

Se o vendedor quiser se livrar totalmente da empresa, e nunca mais sequer pensar no assunto, ele provavelmente preferirá uma negociação liquidada totalmente em dinheiro, o que implica um preço menor para o comprador. No entanto, uma venda desse tipo não desvencilha o vendedor das dívidas da empresa com sua garantia pessoal. Para realmente se esquecer do negócio, o vendedor deverá negociar com o comprador e obter o consentimento dos credores para que o novo dono assuma como pessoa física essas garantias pessoais. O vendedor pode até receber um cheque emitido ao credor ao celebrar o contrato e aguardar a devolução da nota promissória devidamente quitada antes de finalizar a venda.

Declarações e Garantias

Declarações e garantias são promessas de autenticidade inseridas como cláusulas no contrato de compra e venda. Durante as negociações, vendedores e compradores dizem uma série de coisas, e ambos lançam mão de sua retórica. No entanto, as declarações e garantias consistem nos verdadeiros detalhes práticos, atestando a veracidade e a precisão das informações fornecidas, constituindo, portanto, uma das seções mais importantes do contrato de compra e venda. Se uma das partes contrariar as declarações, violará o contrato.

A seguir estão algumas das declarações mais importante feitas pelo vendedor:

- Que possui uma sociedade anônima (ou outro tipo societário) validamente constituída em sólida situação e que ele(a) tem a autoridade para firmar o contrato de compra e venda em nome da empresa.
- Se aplicável, a aprovação do Conselho de Administração e/ou dos acionistas aprovam a venda nos termos do contrato.

- Que o vendedor é o proprietário dos ativos e que tais ativos não estão livres e desembaraçados de quaisquer ônus ou gravames na data da assinatura do contrato.
- Todos os bens tangíveis estarão em boas condições de funcionamento no momento da assinatura do contrato.
- Que as demonstrações financeiras foram devidamente elaboradas empregando-se princípios de contabilidade amplamente aceitos, estão completas, exatas e representam com precisão as condições financeiras da empresa nos períodos relatados.
- Que todos os impostos devidos foram pagos na integralidade.
- Não existem reivindicações, processos legais ou decisões judiciais pendentes contra a empresa, seus diretores, funcionários ou ativos.
- Todas as leis, regulamentos, e normas aplicáveis ao negócio foram devidamente observadas pelo vendedor.
- Uma lista completa dos contratos obrigando a vendedora foi devidamente fornecida em cronograma em anexo.
- O vendedor conduzirá os negócios normalmente; empregará seus melhores esforços para manter um bom relacionamento com os clientes, funcionários e fornecedores e não agirá em contrariedade aos interesses do comprador entre o momento da assinatura do contrato e sua entrada em vigor.
- O comprador e seus representantes legais terão livre acesso aos livros, funcionários, registros e contratos da empresa.
- O vendedor e seu contador cooperarão com o comprador e fornecerão todas as informações necessárias antes da assinatura do contrato.

Outras declarações e garantias podem ser acrescentadas pelo comprador, conforme o tipo de negócios e ativos sendo transferidos. Considere tudo que é importante para você na transação e durante as negociações peça ao comprador ou vendedor para que conste uma cláusula contemplando essa questão no contrato de compra e venda.

Capítulo 10

Carta de Intenção

Tão logo o comprador e o vendedor entrem em um acordo quanto ao preço e aos principais termos, a carta de intenções pode ser preparada. Esse documento antecede o contrato de compra mais formal e detalhado e expõe claramente o que cada parte acordou, deixando explícito que a negociação será concretizada apenas mediante a assinatura do contrato de compra. A carta de intenções deve incluir o preço, os termos e o acesso concedido ao comprador às dependências, aos registros, aos funcionários, aos clientes e aos fornecedores da empresa a ser adquirida. Lembre-se sempre de que é imprescindível consultar sua equipe de especialistas, principalmente o advogado, antes de elaborar a versão preliminar desse documento e firmar o contrato.

Alguns compradores e vendedores podem não estar totalmente certos quanto à concretização do negócio no momento da assinatura da carta de intenções. Nesse caso, é comum solicitarem a inclusão de uma cláusula como, por exemplo: "Esta Carta de Intenções não implicará obrigações antes da assinatura do contrato formal de compra." Cuidado. O simples fato de incluir essa cláusula condicional não significa que o documento não caracterize um contrato e as obrigações dele decorrentes tenham validade. Se o comprador, por exemplo, de boa-fé, seguir todas as etapas exigidas pela carta de intenções, o vendedor poderá ser impedido de desistir de assinar o contrato de compra na última hora. A questão é: se você avançar na negociação e chegar a um acordo, parta do princípio de que realmente venderá ou comprará a empresa ao assinar a carta de intenções. Se não estiver totalmente certo a respeito do negócio, é melhor não assinar a carta de intenções. Não crie a obrigação legal de comprar ou vender, se não tiver a intenção de concretizar a transação. Não é justo para você nem para a outra parte, que provavelmente gastou muito dinheiro em honorários advocatícios, contábeis e na confirmação da veracidade das informações, que as negociações não ultrapassem a etapa da carta de intenções.

Isto posto, há várias contingências que podem ser incluídas em uma carta de intenções (ou no contrato de compra) que protegerão o comprador. O adquirente poderá:

1. Analisar os livros e registros contábeis do vendedor até dar-se por satisfeito.
2. Organizar as condições de financiamento que melhor lhe convierem.
3. Rever quaisquer contratos de aluguel e compra antes de aceitá-los.

4. Obter o seguro mais conveniente às suas necessidades.
5. Garantir-se de que não há nenhuma mudança importante desfavorável na empresa a ser adquirida.

Como regra geral, o período de análise dos livros e registros contábeis será fixado em quinze ou trinta dias, por exemplo. Se o comprador não estiver satisfeito depois de confirmar a veracidade das informações, poderá enviar um aviso formal por escrito, dentro do prazo estipulado, informando ao vendedor quanto à sua intenção de cancelar a compra. É recomendável consultar um advogado para redigir esse documento de aviso. Dependendo dos termos do contrato, a carta de cancelamento poderá incluir um parágrafo como este:

"Com base na análise dos livros e registros contábeis da empresa, e em conformidade com o prazo de trinta dias para tal revisão, decidi não adquirir a empresa e, portanto, retiro minha oferta de compra datada de..."

Desse modo, o comprador ficará protegido contra qualquer vendedor desesperado e pronto a usar qualquer argumento para fechar a venda.

No entanto, partindo do princípio de que ambas as partes concordaram em efetivar a venda, é chegada a hora de pensar na estrutura.

Dicas do Pai Rico

- As negociações são uma etapa crucial na compra e venda de uma empresa. Esteja absolutamente certo de que a pessoa escolhida para efetuar as negociações em seu nome esteja imbuída das melhores intenções.

- Saiba que as condições são tão importantes quanto o preço. O uso criativo dos termos pode vencer obstáculos em relação ao preço.

- No xadrez da compra e venda de uma empresa, você deve analisar as declarações e garantias três movimentos antes de realmente precisar delas. Comece a atar a outra parte da negociação por meio de declarações de autenticidade antes de incluí-las no contrato de compra.

Capítulo 10

Capítulo 11

Estrutura

Como qualquer outro negócio feito para durar, sua empresa deve ter uma estrutura sólida. A estrutura também é importante nas transações de compra e venda de uma empresa. Grande parte das negociações girará em torno da estrutura do acordo. Entrarão em cena implicações tributárias, considerações legais e preferências pessoais. Alguns especialistas sugerem que o comprador e o vendedor definam como será estruturado o acordo antes mesmo do início das discussões, para facilitar as negociações. Outros pensam que cabe à equipe de especialistas se preocupar quanto à estrutura, uma vez que o preço tenha sido estabelecido e aceito por ambos, porque pode ser mais fácil lidar com as questões de preço e estrutura separadamente. No entanto, o preço geralmente varia de acordo com a estrutura.

Os tipos mais comuns de estrutura de contrato de compra são os de transferência de ações ou compra de ativos (ou uma combinação de ambos). Esse assunto pode provocar as discussões mais acaloradas de todo o processo. Mas sempre é possível fazer concessões recíprocas. O comprador pode levar somente os ativos e pagar mais ou comprar as ações e pagar menos. Entretanto, como você verá no caso a seguir, há riscos a serem analisados.

Compra de Ativos

Uma das formas de comprar e vender uma empresa é por meio da transferência de ativos, inclusive caixa. Trata-se de um esquema simples, como uma compra à vista, sem envolver ações. O comprador adquire ativos como equipamentos, propriedades, listas de clientes, informações exclusivas da empresa, propriedades intelectuais, contratos e acordos. Esses ativos são negociados individualmente e adquiridos pelo preço de mercado, e não pelo valor contábil depreciado. Os títulos de propriedade devem ser devidamente transferidos e arquivados e os acionistas e o conselho de administração, se houver, devem aprovar a venda. Obviamente, você deverá consultar seu contador e seu advogado para conhecer todas as implicações tributárias.

Compra de Ações

Na compra de ações, o comprador torna-se acionista controlador da empresa e, portanto, detentor de todos os seus ativos e responsável por todas as suas obrigações, na proporção de sua participação societária. A questão aqui é que o novo dono adquire todos os ativos e assume todas as responsabilidades, tenha ciência de cada uma delas ou não. O vendedor pode ter deixado de mencionar ao comprador determinados aspectos da empresa (como ações judiciais ou intimações da Receita Federal). Para proteger-se disso, o comprador pode incluir uma cláusula de indenização no contrato de compra. No entanto, essa cláusula não impede que o vendedor omita informações nem protege o comprador de ser processado judicialmente. A inclusão de tal cláusula implica somente que o comprador poderá processar o vendedor quanto a qualquer quantia que tenha de pagar referente a obrigações contingentes (e ocultas) do vendedor. No futuro, o vendedor conseguirá ressarcir o comprador de quaisquer prejuízos resultantes de sua omissão? Faça essa pergunta a você mesmo. Para fortalecer a cláusula de indenização, o comprador pode estruturar a venda de forma que, caso tenha de pagar por obrigações contingentes, ele possa abater essa quantia de qualquer nota promissória ainda a ser paga ao vendedor.

Caso Nº 11 – Don e Beth

Don era dono de uma usina de processamento de cascalho no estado do Oregon, Estados Unidos, e decidiu que chegara a hora de vender a empresa. A família era proprietária da usina há três gerações e essa era uma atividade cíclica e rentável. Don pediu que seus corretores apresentassem a oportunidade a compradores em todo o país. No exato momento em que apareceram as primeiras pessoas interessadas, houve um incêndio na usina.

Don perseverou mesmo diante das dificuldades. Seu seguro cobriu a reconstrução da usina e ele garantiu aos compradores potenciais que a cascalheira voltaria a ser tão rentável quanto antes.

Beth era uma investidora que morava em Ohio e sabia que empresas de extração poderiam ser bastante lucrativas. Então, ela e seu advogado pegaram um voo até Oregon para analisar a oportunidade de negócio. Inspecionaram os livros contábeis e as instalações, além de conduzir a confirmação da veracidade dos dados. Don assegurou-lhes que a usina seria reconstruída e que voltaria às operações com força total. Explicou também que, como não aumentara o preço de venda, o futuro comprador levaria uma usina nova em folha pelo preço de instalações de mais de vinte anos de existência.

Beth e seu advogado ficaram bastante impressionados com o acordo. Quando tiveram início as negociações, Don insistiu que gostaria de estruturar a transação como uma venda de ações em vez de uma venda do ativo. Como mantivera as ações por tantos anos, seria mais interessante do ponto de vista fiscal para ele e sua família, se vendesse as ações da empresa para Beth.

A princípio, a empresária e seu advogado hesitaram. E se houvesse alguma obrigação desconhecida ou não revelada contra a empresa? Don assegurou-lhes que não havia pendências financeiras ou legais e, para apaziguá-los, ofereceu-lhes ressarcimento total e uma quantia de US$300 mil como caução durante um ano para cobrir eventuais reivindicações. Além disso, concordou com uma redução significativa no valor da venda, se Beth aceitasse comprar as ações.

Beth achou coerentes os números que compunham o preço. Ficou acertado que ela assumiria a empresa assim que a nova usina estivesse pronta. O acordo de compra das ações foi concluído, mas os problemas começaram logo depois que Beth assumiu o controle da empresa. A construtora estava em atrito com a empresa de engenharia, pois nenhuma delas conseguia fazer com que a usina processasse o cascalho corretamente. Beth tinha despesas mensais altíssimas, que não geravam receita alguma. Os prejuízos começaram a se acumular e nenhuma das projeções de Don, nas quais Beth havia confiado, havia se concretizado.

Furiosa, Beth instruiu seu advogado a mover uma ação judicial contra Don. Em resposta, o advogado comunicou-lhe que, de acordo com as leis que regem o mercado de ações, poderiam mover um processo grave contra Don. Segundo ele, essas leis continham disposições antifraude para lidar com declarações falsas ou omissões substanciais de fatos na venda das ações. Se Beth acreditara em uma declaração falsa ou omissão significativa quando decidiu adquirir a empresa, poderia mover uma ação de fraude de valores mobiliários. Em princípio, essas disposições protegem contra a venda imprópria de ações a viúvas, órfãos e incautos, que podem acabar adquirindo obrigações junto com as ações. No entanto, em 1985, o Supremo Tribunal Federal dos Estados Unidos determinou que as disposições antifraude fossem aplicadas às transações particulares que envolvessem a venda de 100% das ações da empresa a um comprador.

O advogado de Beth informou que, como a venda das ações foi feita na vigência dessa nova determinação, Don poderia ser processado por supostas declarações falsas na venda da empresa. Se Beth tivesse comprado apenas os ativos da empresa, eles não poderiam mover uma ação tão poderosa como essa. O advogado esclareceu também que isso era possível por causa da forte política pública de proteção aos compradores de ações.

Beth processou Don de acordo com as disposições antifraude das leis que regem o mercado de ações e ele foi aniquilado no tribunal.

Alguns advogados podem alegar que, com declarações devidas e detalhadas no contrato de compra, uma ação de violação às leis antifraude poderá ser contratualmente eliminada ou minimizada. No entanto, o campo dessas leis é extremamente complexo e sujeito a mudanças nas definições e normas, de maneira inconsistente de um tribunal para o outro. Por causa da incerteza, são poucos os que se arriscam nesse terreno. Tanto compradores quanto vendedores devem ser cuidadosos ao analisar uma transação de compra de ações.

Se o vendedor decidir-se totalmente pela venda das ações e negociar por meio de uma nota promissória, deverá reter um montante como juros de títulos mobiliários, para garantir que o comprador não revenda a empresa sem sua permissão. O vendedor também pode querer o direito de qualificar novos compradores potenciais, a fim de garantir que sua nota será paga. Se o estoque estiver segurado, o comprador não obterá a cautela mesmo depois do fechamento do negócio. Na verdade, o comprador não obterá o certificado nem a propriedade total das ações até que a dívida seja quitada.

Isso pode não ser suficiente para garantir suas ações. Para impedir o comprador de criar ou emitir novas ações, de diminuir ou aniquilar o valor dos títulos diluídos, o vendedor deverá incluir uma cláusula de antidiluição no contrato de compra.

Vejamos este exemplo de diluição: suponha que, na transação das ações da Vendedor S.A., o vendedor abra mão de 100% de suas ações em troca de 10% das ações da Comprador S.A. A Vendedor S.A. passa a ser dona de 1 milhão de ações, ou 10% de 10 milhões de ações emitidas pela Comprador S.A. Entretanto, a Comprador S.A. possui 30 milhões de ações não emitidas em reserva e começa a emiti-las a seus dirigentes, diretores, consultores — emite ações para todo mundo, menos para a Vendedor S.A. Como resultado, a participação acionária da Vendedor S.A. é diluída. Considerando que, com 10 milhões de ações emitidas, ela possuía 10% da Comprador S.A., com 40 milhões de ações agora emitidas, a propriedade de 1 milhão de ações da Vendedor S.A. será diluída para uma participação de apenas 2,5% na Comprador S.A. Esteja certo de que isso acontece com frequência. Para evitar o problema, é importante analisar as cláusulas antidiluição que permitem Comprador S.A. manter sua participação de 10% na Vendedor S.A. por um determinado prazo, a despeito do volume de ações que a Vendedor S.A. venha a emitir nesse período.

Também é aconselhável que o vendedor mantenha um montante de juros de títulos mobiliários nos ativos da empresa (incluindo as contas a receber), para impedir o comprador de reduzir a companhia a uma empresa de fachada, o que aniquilaria o valor das ações. Há casos de compradores que adquiriram uma empresa com a intenção de saqueá-la e desaparecer em seguida. Como sempre, investigue bem com quem você está fechando o negócio e, mesmo que considere a pessoa confiável, proteja-se agindo como se não confiasse nela.

Incorporações

As incorporações envolvem transações relacionadas aos títulos mobiliários de uma sociedade por ações (S.A.). Embora não sejam tecnicamente compras ou vendas de empresas, tais transações geralmente são usadas para alcançar determinados objetivos financeiros ou de liquidez. Há várias modalidades de incorporação, porém as mais comuns são: (a) aquela em que a empresa adquirente incorpora a empresa adquirida (*incorporação direta*) e (b) aquela em que a empresa adquirida incorpora a empresa adquirente (*incorporação reversa*). Em ambos os casos, a incorporada desaparece, subsistindo como sucessora apenas a incorporadora.

Na incorporação reversa, o comprador geralmente adquire todas ou a maioria das ações pertencentes aos dirigentes, diretores ou acionistas controladores e transfere-as para o nome de seus próprios dirigentes e diretores. Desse modo, o controle é transferido efetivamente da empresa vendida para o comprador, permitindo que este passe a conduzir a companhia. Com o controle da empresa adquirida, o negócio do comprador deixa de existir. O preço de compra pode ser pago em dinheiro, ações de outra empresa ou uma combinação de ambos. Esse plano pode funcionar bem se a empresa adquirida gozar de boa reputação. Obviamente, o vendedor e seus dirigentes, diretores e acionistas controladores reivindicarão uma remuneração em troca de tal reputação.

Deve-se observar que uma incorporação reversa pode ser desastrosa no caso de uma empresa ilibada que adquire uma companhia problemática. Se escolher esse caminho, sua investigação quanto à veracidade das informações da empresa que pretende comprar deverá ser a mais rigorosa possível e o contrato deverá incluir inúmeras cláusulas de declarações e garantias que impedirão a concretização do negócio, se necessário. Faça questão de trabalhar com um contador e um advogado experientes, porque, no mundo das incorporações, reza a lenda que há inúmeras empresas de fachada com restrições que são utilizadas para promover fraudes, abusos e prejuízos monstruosos para acionistas incautos.

Pactos de Não Concorrência

O comprador provavelmente não vai querer que o vendedor abra outra empresa no mesmo ramo, competindo com ele na mesma cidade, ou que venha a atuar como consultor de um concorrente no futuro. Se o comprador não quiser que o vendedor torne-se seu concorrente após a finalização da venda, deverá providenciar essa proibição por escrito. Pode ser feito um pacto de não-concorrência separado ou a inclusão de uma cláusula restritiva no contrato de compra. Esse instrumento também deve proibir a revelação de segredos comerciais e informações de propriedade da empresa. Tais peças jurídicas são complicadas e precisam ser validamente reconhecidas em juízo, caso sua execução venha a ser necessária. A elaboração desses instrumentos deve, sem dúvida alguma, ficar a cargo de um advogado.

Parte integrante deste processo de negociação será como a transação será financiada.

Dicas do Pai Rico

- A menos que haja uma razão muito forte para optar por uma transação de compra de ações, considere a ideia de entrar em um acordo de compra do ativo.
- Seja extremamente cuidadoso: um número significativo de incorporações reversas não funciona para os bem-intencionados.
- Ao elaborar um pacto de não-concorrência, não deixe de consultar seu advogado quanto aos padrões da legislação brasileira e restrições aceitáveis em termos de prazo e extensão territorial.

Capítulo 12

Financiamentos e Empréstimos

Empresas precisam de recursos financeiros. Dinheiro para iniciar as operações, capital de giro, financiamento para a aquisição. Não há empresa que funcione sem isso. Os empréstimos são uma maneira comum de atender a essas necessidades.

No Brasil, o BNDES (Banco Nacional de Desenvolvimento Econômico e Social), empresa pública federal vinculada ao Ministério do Desenvolvimento, Indústria e Comércio Exterior, oferece várias linhas de apoio financeiro e dispõe de programas que atendem às necessidades de investimentos das empresas de qualquer porte e setor, estabelecidas no país. Para obter informações sobre essa instituição e as linhas de crédito disponíveis, visite o site em www.bndes.gov.br. O SEBRAE oferece informações relacionadas às opções de crédito para o desenvolvimento de pequenos negócios. Navegue pelo site em www.sebrae.com.br.

Dicas do Pai Rico

- Se estiver vendendo sua empresa a prazo, saiba que o parcelamento concedido diretamente ao comprador é um fator de risco. Verifique profundamente o histórico do adquirente, suas habilidades, experiência e ética antes de aceitar qualquer plano de parcelamento.
- Condições criativas podem gerar cenários em que todos ganham. Esteja aberto a soluções que proporcionem benefícios mútuos.

Capítulo 12

120

Capítulo 13

O Contrato de Compra e Venda

Depois de esmiuçar exaustivamente todos os detalhes da compra, o vendedor e o comprador assinam um contrato de compra, geralmente preparado pelo advogado do comprador. Esse momento é o ápice da transação porque, muito mais do que as mercadorias ou os serviços, o que realmente está sendo vendido é o contrato de compra, além de ser o instrumento que terá valor perante a lei. Portanto, esse contrato deve ser o mais detalhado possível, a fim de evitar qualquer mal-entendido na hora do fechamento da transação ou no futuro.

A maioria dos contratos de compra protege o comprador, que será favorecido por grande parte das declarações e garantias. O parágrafo a que o vendedor deve prestar mais atenção (não que os outros devam ser ignorados) é o da nota promissória. Se o comprador deixar de pagá-la, o vendedor poderá processá-lo. Mas de que adiantará mover essa ação se o comprador não tiver condições de pagar? Caso o comprador declare concordata, o vendedor não terá nem a chance de dar entrada no processo. A garantia vinculada à nota promissória pode ser o único bem disponível para o vendedor, caso o comprador não possa pagar. Assim sendo, os vendedores devem ser muito rigorosos durante as negociações no que diz respeito às garantias.

Analisando as Cláusulas do Contrato

Como em todo acordo contratual, existem componentes específicos necessários para tornar o documento vinculante. Devem ser incluídos detalhes das obrigações cobertas pelo contrato, do que cada parte está abrindo mão e do que levará em troca. Afinal, ambas as partes terão de desistir de algo importante. Do contrário, os tribunais poderão alegar que houve inexecução de obrigação, e desfazer toda a transação.

Vamos colocar de uma forma bem simples: você não deve treinar suas habilidades de redação elaborando um contrato de compra sozinho. Seu advogado certamente conhece todas as brechas na legislação, pelas quais cada parte poderá conseguir uma maior parte do bolo. Comprador: delegue a preparação do contrato a seu advogado. Vendedor: peça para seu advogado analisar o contrato com você, adicionando, retirando e alterando informações quando necessário. Tenha em mente que advogados são, normalmente, especializados em assuntos legais. Seu bom senso comercial não deve ser deixado de lado a essa altura do campeonato. Fique atento, não tenha medo de contestar as ideias dos especialistas e faça com que eles expliquem seu raciocínio.

Como em todos os outros documentos envolvidos na compra e venda de uma empresa, não existe um modelo a ser seguido. Seu advogado vai ajudá-lo a determinar a sequência das cláusulas, que informações incluir ou deixar de fora, bem como dar um título a cada cláusula. Segue-se um breve resumo das cláusulas mais comuns encontradas em um contrato de compra de ativos:

1. *As partes e o local*. Inclua as empresas envolvidas e os locais principais das instalações. O comprador pode incluir acionistas individuais como proprietários, bem como a própria empresa, caso precise processar o vendedor em virtude das declarações e garantias. Como muitas empresas são dissolvidas após a venda, o comprador deve se garantir de que terá alguém que possa responder em juízo em caso de quebra de contrato.

2. *Ativos e passivos*. Relacione todos os ativos e passivos que estão sendo transferidos de acordo com o contrato. Se a compra é de ativos individuais, anexe uma lista completa. É recomendável que o vendedor inclua essa lista, para deixar claro ao comprador que nem tudo o que é usado no negócio faz parte da venda (alguns dos ativos talvez nem pertençam à empresa). O comprador geralmente inclui um longo palavreado técnico declarando que o vendedor é dono de todos os ativos e que eles serão transferidos livres e desembaraçados de quaisquer ônus, penhores ou gravames. É útil incluir também todos os passivos e obrigações, e declarar o que será transferido do vendedor ao comprador. Somente os ativos e passivos relacionados serão de responsabilidade do comprador.

3. *Preço de compra e distribuição*. Especifique detalhadamente todas as questões financeiras nesta cláusula. Quem paga o quê, quanto e quando. Inclua como o preço será distribuído entre os ativos, que porcentagem deve ser paga na assinatura (geralmente entre 5 e 10 por cento); qual será a porcentagem paga no fechamento do negócio (à vista ou por meio de nota promissória), bem como qualquer outro acordo financeiro acertado entre as partes. Os detalhes desse acerto financeiro serão incluídos na forma de um anexo. Não se preocupe com os detalhes da nota promissória nesta cláusula. Se fizer parte do acordo, esse documento decerto será detalhado separadamente, em um parágrafo suplementar.
4. *Fechamento*. Data, local e qualquer outra informação sobre o fechamento deverão ser incluídas nesta cláusula. Lembre-se de que a fixação da data de fechamento é apenas uma meta. O comprador ou o vendedor (ou ambos) podem prorrogar a data por um prazo razoável (geralmente em 30 dias). Entretanto, se for necessário fixar a data de fechamento, essa definição deverá ser feita dentro dos melhores termos legais possíveis. Se, mais tarde, o vendedor não entregar a empresa na data, o comprador poderá processá-lo. E se o comprador não devolver o dinheiro que foi acertado, o vendedor poderá processá-lo. Contudo, esse tipo de rigidez não é recomendável. Afinal, o mundo não para só porque você está ocupado com seus negócios. As pessoas ficam doentes, as famílias têm problemas e as datas de fechamento tornam-se irreais e até mesmo impossíveis. Ninguém quer chegar a esse ponto do processo e acabar perdendo o depósito ou até mesmo o negócio todo por causa da inflexibilidade no cronograma.
5. *Pactos de não-concorrência e acordos de consultoria*. Esta cláusula fará simplesmente referências a tais acordos. Anexos suplementares deverão ser incluídos para descrever os termos em detalhes.
6. *Declarações e garantias.* A verdade das declarações feitas no documento está garantida neste parágrafo. Tanto os compradores quanto os vendedores assumiram compromissos e é aqui que essas promessas tornam-se explícitas, em conjunto com as consequências de declarações falsas. Esta cláusula é o cerne da questão (como já mencionado no Capítulo 10) e pode ser bastante complicada. Peça aos advogados para dedicarem um pouco mais de tempo a esta cláusula e certifique-se de que tenham compreendido os compromissos assumidos tanto pelo comprador quanto pelo vendedor.

Esta cláusula é certamente um trabalho em equipe. Muitas das declarações e garantias serão determinadas com vigência após o acordo, o que significa que serão válidas no fechamento e no futuro. Certifique-se de ter avaliado bem as consequências das garantias que sobrevivem ao contrato.

7. *Condições para o fechamento.* Comprador e vendedor geralmente concordam em realizar certas tarefas antes do fechamento. Tais atribuições serão descritas aqui, bem como os recursos legais e as penalidades pelo não-cumprimento do que foi acordado. Isso pode ser um paraquedas para o comprador, permitindo-lhe abandonar o negócio. O comprador certamente escolherá as condições mais abrangentes possíveis. No mínimo, fará questão de certificar-se de que não haverá mudanças importantes desfavoráveis (financeiras e físicas) na empresa ou em seus ativos, bem como fará o possível para obter garantias de que o vendedor tem o consentimento dos acionistas ou do proprietário quanto à transferência. Vendedores conscienciosos não farão objeções a esses detalhes. O comprador está tão ansioso para conduzir a empresa quanto estava no período entre a assinatura do contrato de compra e a data do fechamento do negócio. Ele certamente pedirá que o vendedor o notifique quanto a qualquer mudança, como a concessão de aumentos ou bônus pré-acordados ou a assinatura de contratos secundários que se fizeram necessários para o bom andamento da empresa nesse ínterim. O comprador não vai querer, por exemplo, que o vendedor assuma ou institua uma nova e dispendiosa campanha publicitária antes da data do fechamento, ou que se comprometa com qualquer outra obrigação maior.

8. *Indenização.* Em uma cláusula de indenização básica, o vendedor concorda em ressarcir o comprador de qualquer perda monetária em razão da quebra das declarações e garantias. O comprador deverá reservar parte do preço de compra (chamado de retenção) no fechamento para liquidar quaisquer passivos ou dívidas contingentes. No entanto, talvez não seja separada uma quantia suficiente. Além disso, o comprador apenas poderá reservar esse dinheiro por um determinado período. O comprador talvez prefira que seu advogado seja nomeado como agente de caução ou depositário, se este assim concordar. O vendedor pode querer um agente de caução independente. Quanto ao montante da retenção, os compradores geralmente preferem uma quantia maior do que os vendedores. A indenização protege contra problemas que possam surgir após o término da

validade da retenção. Os compradores devem ter certeza de que a quantia retida no fechamento é suficiente para cobrir despesas legais, caso tenham de abrir algum processo. Os compradores também devem se certificar de que as indenizações dos vendedores estão assinadas pessoalmente por cada um dos acionistas, uma vez que muitas empresas se dissolvem após a venda dos ativos. Esta é uma daquelas cláusulas que podem ser complicadas e causar problemas se não forem cuidadosamente compreendidas pelo comprador e pelo vendedor.

9. *Pós-fechamento.* Se houver ações pré-aprovadas e condições que venham a acontecer depois do fechamento, detalhe-as neste parágrafo. Essas condições podem incluir que o vendedor terá o direito de verificar os livros contábeis (caso os pagamentos combinados dependam do desempenho futuro), os recursos legais (caso os pagamentos não sejam efetuados como esperado) e se determinada situação requer ou não o envolvimento do vendedor ou de sua diretoria.

10. *Risco de prejuízo.* Este parágrafo inclui detalhes sobre quem vai herdar o risco dos prejuízos antes da assinatura do contrato.

11. *Anexos.* Qualquer documento de apoio deve ser incluído aqui, como, por exemplo, a depreciação dos ativos, demonstrações financeiras etc.

Contratos Complementares (Anexos)

Pacto de não-concorrência. Mencionado no contrato de compra, este documento apresenta os detalhes de qualquer acordo feito entre comprador e vendedor com relação às restrições ao direito de o vendedor abrir, ser funcionário ou consultor de uma empresa concorrente após o fechamento do negócio. Esta cláusula também deve incluir restrições quanto ao direito de o vendedor divulgar informações confidenciais ou segredos industriais da empresa.

Consultoria. De acordo com o pacto de não-concorrência, qualquer contrato de consultoria entre comprador e vendedor deverá ser mencionado no contrato de compra, com detalhes que incluem as obrigações a serem desempenhadas, as remunerações acertadas e a duração dessa relação comercial.

Nota promissória. Se o vendedor oferecer algum tipo de financiamento para a compra da empresa, deverá incluir uma nota promissória (documento escrito que serve como evidência legal de uma dívida) a ser assinada. A nota geralmente é anexada ao contrato de compra e inclui quanto o comprador compromete-se a pagar e o prazo de pagamento. Esta cláusula também deve determinar a notificação por escrito do comprador, na hipótese de atraso nos pagamentos devidos ao vendedor, de modo que o comprador tenha a oportunidade de purgar a mora, antes de ser considerado inadimplente, com a consequente execução da dívida. O comprador também pode prever nesta cláusula algum tipo de dedução nos valores devidos ao comprador, a título de compensação, caso este deixe de cumprir quaisquer de suas obrigações contratuais. O vendedor pode requerer que o comprador faça um seguro de vida nomeando-o beneficiário.

Garantia. Dependendo do financiamento acertado, esta cláusula detalha de que forma o comprador oferecerá os ativos da empresa como garantia dos pagamentos devidos ao vendedor. O comprador talvez queira incluir somente bens duráveis (e não contas a receber) e negociar com o vendedor alguma forma de subordinação, de modo que os mesmos bens possam ser dados como garantia preferencial em outras transações (assim conseguirá futuros empréstimos bancários se precisar), mas o vendedor pode exigir que a subordinação da garantia seja limitada a determinado valor. Os compradores também podem requerer que sejam notificados por escrito, como na cláusula referente à nota promissória, antes da execução da garantia, além da possibilidade de compensação.

Contratos de Trabalho. Todos os contratos de trabalho e acordos coletivos devem ser bem detalhados e aceitos pelo comprador e pelo vendedor. Se o vendedor concordou em continuar como empregado da nova empresa, este acordo deverá ser incluído (da mesma forma que o contrato de consultoria) para assegurar que não haja nenhum mal-entendido.

Planos de Aposentadoria. Planos de manutenção e de rescisão de aposentadoria podem ser arriscados e complicados. Inclua informações sobre planos de participação de lucros, planos de aposentadoria pagos pela empresa, planos de benefícios de pensão definidos (pensões), conforme for o caso.

Se a venda for uma transferência de ações, em vez de compra de ativos, também devem-se incluir acordos de demissão do vendedor e de todos os funcionários e diretores da empresa, no fechamento, bem como uma declaração que ateste a boa situação da empresa.

Depois de concluídas as negociações do contrato de compra e venda, e da preparação de uma minuta que será enviada para sua aprovação, é importante salientar que na data da assinatura não é aconselhável olhar para trás. Você terá assumido a obrigação de comprar ou vender a empresa. Se não estiver satisfeito com o teor do contrato, é melhor não assinar do que ficar dando voltas ou mudar uma cláusula ou outra na data do fechamento. (Isso posto, veja o caso apresentado no próximo capítulo.)

No geral, você está em uma posição muito melhor para negociar quando o contrato ainda não foi assinado. Tire vantagem disso. E depois, quando já estiver assinado, use a vantagem em seu benefício para resistir às mudanças de última hora.

Dicas do Pai Rico

- Não use a preparação de um contrato de compra como oportunidade para testar suas habilidades "paralegais". Um bom advogado deve ser encarregado de redigir uma minuta bem elaborada.

- O comprador deve certificar-se de que a empresa não passará por nenhuma mudança substancial. Afinal, ninguém quer surpresas logo no primeiro dia no novo negócio.

- Se houver notas promissórias e acordos de garantia na negociação, o vendedor deve se certificar de que a minuta seja clara e que reflita seu entendimento da transação. Se os pagamentos não forem efetuados, esses documentos deverão ser usados para protegê-lo o máximo possível.

Capítulo 13

Capítulo 14

O Fechamento da Transação

O fechamento da transação é o momento pelo qual o comprador e o vendedor tanto esperavam; é a hora em que a propriedade da empresa será legalmente transferida do vendedor para o comprador. Se tudo correu bem e se todas as partes (incluindo os especialistas contratados) cumpriram suas tarefas adequadamente, o fechamento pode ser um tanto frustrante. Como o contrato de compra foi elaborado de forma a incluir todos os detalhes, o fechamento é simplesmente uma formalidade.

Essa etapa da transação geralmente ocorre no escritório do advogado do comprador ou do vendedor, na agência bancária ou em um cartório. Os presentes geralmente são o comprador, o vendedor, os advogados, o gerente do banco, o consultor bancário, o gerente de banco do vendedor, o corretor empresarial e os credores que porventura tenham gravames em relação aos ativos. A nota de venda, o contrato de consultoria, o pacto de não-concorrência, a nota promissória, o contrato de seguro e as demonstrações financeiras são assinados. Se a venda for uma transferência de ações, as cautelas e os pedidos de demissão dos dirigentes e diretores serão assinados. Finalmente, o comprador endossará o cheque ou entregará um cheque administrativo ao vendedor em troca das chaves.

Um fechamento tranquilo pode ser feito em menos de uma hora. Entretanto, se surgirem negociações de última hora, todos estarão em apuros. Vários negócios ficaram emperrados ou foram por água abaixo por causa de negociadores agressivos que não deixam de brigar por centavos até o último instante. Se os corretores e advogados tiverem cumprido seu papel, isso não deverá acontecer. Ainda assim, às vezes é impossível evitar tais problemas...

Capítulo 14

Caso Nº 12 – Gorman, Larry e Ivan

Gorman era dono da King Gorman's Toys, uma rede de quatro lojas de brinquedos em uma área metropolitana dos Estados Unidos. Construíra a empresa ao longo dos anos e desenvolvera uma considerável fidelidade local, que permitiu sua sobrevivência à invasão mundial dos Toys "R" Uses (bonecos como os da série Comandos em Ação) e das filiais do Walmart. Gorman conhecia muito bem seu mercado local. Diferentemente da Toys "R" Us e Walmarts do mundo, conseguia manter os estoques das lojas com os tipos de brinquedos que realmente agradavam seu mercado local. Brinquedos tolos, toscos e sutilmente agressivos não ocupavam espaço em suas prateleiras. Embora as crianças nem notassem, os pais apreciavam as opções da King Gorman's e sua filosofia de varejo.

Ivan era um agressivo executivo do setor de varejo, com vasta experiência em distribuição e marketing. Para ele, os critérios de seleção da King Gorman's, que também levavam em conta a opinião dos pais, eram um benefício que poderia ser aplicado em outras comunidades com sucesso. Sentia-se pronto a investir uma alta quantia de seu próprio bolso, bem como a oferecer garantias pessoais para contrair um vultoso empréstimo bancário, a fim de adquirir a King Gorman's e expandir a rede atual para uma cadeia que cobrisse uma região de quatro estados norte-americanos.

As negociações de compra foram tensas, emocionais e, às vezes, bastante desagradáveis. Ivan era um executivo inflexível, que tinha de vencer o tempo todo. Gorman queria vender sua empresa a alguém com a mesma filosofia empresarial e não conseguia imaginar que Ivan seria essa pessoa. Em três ocasiões, Gorman saiu irritado das negociações. Por causa de um impasse, as partes ficaram seis semanas sem se falar.

O corretor de Gorman, Larry, foi quem manteve o negócio todo em pé. Não era para menos: se a transação fosse concretizada, receberia uma gorda comissão de 5% desse acordo multimilionário. Entretanto, como muitas pessoas que já tiveram experiência em várias transações desse tipo podem confirmar, cada negociação desenvolve um elenco exclusivo de pessoas, cada qual com seu papel definido. Existe o agressivo, o emocional, o enigmático e assim por diante. E, seja fofoca ou difamação, o fato de todos tecerem comentários com todos os participantes a respeito de todo mundo ajuda a ampliar os estereótipos do grupo do acordo em questão. Mais interessante ainda é que, quando o negócio é fechado, todos voltam ao normal (até o próximo negócio).

Neste caso, Larry era o calmo, o condescendente. Foi ele quem reuniu as partes então brigadas. Larry aceitou esse papel de bom grado, não só pela maravilhosa recompensa à sua espera na celebração do acordo, mas também porque gostava de Gorman e apreciava seus padrões comerciais. Sua intenção era ver a King prosperar no futuro, à maneira de Gorman, servindo à comunidade. Mas Larry também era realista. Não havia muitos compradores potenciais dispostos a enfrentar a Toys "R" Us e o Walmart. A venda da King Gorman's Toys não seria nada fácil e Ivan era o tipo de comprador perfeito, pois tinha experiência, dinheiro e autoconfiança suficientes para enfrentar o mundo.

Após oito meses de negociações, preparação de documentos, apuração da papelada e mais negociações, o elenco de dez personagens encontrou-se na grande sala de reuniões do advogado de Gorman, decorada com painel de madeira, com uma pilha de documentos. Todos respiravam fundo enquanto Ivan analisava a programação de ajuste do estoque.

Como em muitas vendas do setor varejista, o estoque exato das quatro lojas da King Gorman's era desconhecido até o horário de fechamento da véspera da concretização do negócio. Se as vendas tivessem sofrido um aumento nos dias que antecederam a venda, obviamente haveria uma redução no estoque e o comprador pagaria um pouco menos pela empresa. Portanto, era importante chegar a um cálculo preciso antes do fechamento do negócio. Isso foi feito graças a uma força-tarefa que varou a noite anterior fazendo uma contagem de todas as quatro lojas da rede. Alguns compradores e vendedores aceitam uma estimativa de inventário para efeitos de fechamento da transação. Outros definem uma caução de, digamos, US$10 mil para o vendedor e fazem o devido acerto com o comprador com base em uma futura contagem de estoque. Mas não havia tal flexibilidade nesta transação. Ivan queria pagar exatamente pelo que estava adquirindo e Gorman não queria mais ter de encontrá-lo depois que saísse do escritório de seu advogado.

Demonstrando descaradamente seu desprezo pelos nove indivíduos que estavam naquela sala, Ivan jogou a folha de ajuste de inventário sobre a mesa. O rosto de Gorman ficou enrubescido de raiva. Larry sentiu um aperto no coração e os outros não conseguiam imaginar qual poderia ser o problema naquele último instante da negociação.

Ivan reclamava que o inventário indicava que um montante de US$50 mil em brinquedos permaneceu nas prateleiras das lojas por mais de seis meses. Ele não pagaria por um estoque velho, empoeirado e ultrapassado. "Se não foram vendidos em seis meses, esses itens não serão vendidos nunca", esbravejou, e todos sabiam disso.

Capítulo 14

Mas o que todos sabiam era que Ivan, fiel à sua natureza, queria mesmo era um desconto de última hora.

Gorman não estava disposto a ceder. Estava revoltado e saiu abruptamente da sala. O restante do grupo ficou chocado, exceto Ivan, que deu apenas um sorriso frio e cínico.

Larry acompanhou Gorman e o alcançou no elevador. O corretor tentou acalmá-lo, explicando que todos sabiam que Ivan teria uma atitude como essa no final, mas deixou Gorman desabafar todo seu aborrecimento. Enquanto acalmava o cliente, Larry começou a plantar a semente de que poderia garantir o preço de venda original. Larry explicou a Gorman que não revelaria sua fórmula secreta, mas assegurou-lhe que conseguiria chegar ao valor estipulado anteriormente, sem o desconto de US$50 mil e perguntou ao empresário se ele fecharia o negócio nesse caso. Gorman continuava nervoso e queixoso, mas, mesmo relutante, concordou em fechar o acordo nesses termos. Larry disse que Gorman não teria de voltar para a sala, que ele e o advogado de Gorman cuidariam de tudo e que levariam a papelada em seu escritório para que ele assinasse em algumas horas. Larry fez com que seu cliente concordasse com a condição de que, se chegasse ao preço de venda original, sem o desconto de US$50 mil ou uma redução de 10%, os documentos seriam assinados.

Gorman desceu no elevador. Larry voltou para a sala de reuniões e aparou as arestas do acordo, fechando o negócio no mesmo dia.

Como Gorman recebeu o preço total e Ivan conseguiu o desconto de US$50 mil? Lançando mão da antiga tradição do ramo de corretagem, segundo a qual é lícito diminuir a comissão a fim de fechar o negócio. Larry não ficou esfuziante com o desfecho, mas cortar os US$50 mil de sua comissão de US$175 mil era perfeitamente plausível do ponto de vista econômico. Se não tivesse concordado com isso, não haveria venda alguma e ele sairia de mãos abanando. Não havia outras propostas de compra da King Gorman's Toys e Larry não tinha nada em vista. Ficou particularmente irritado, pois sabia que Ivan havia arquitetado tudo e esperava um dia poder rir por último. Assim, prometeu a si mesmo que um dia blefaria com êxito diante de um comprador detestavelmente agressivo como Ivan. Mas, por enquanto, Larry tinha US$125 mil no bolso e estava feliz em poder seguir em frente, rumo ao próximo negócio.

A moral da história é: se uma das partes tiver sido agressiva e combativa durante todo o período de negociação, é melhor estar preparado para esse comportamento hostil no fechamento do negócio. Você e seu advogado certamente terão elaborado o contrato de compra e venda de modo a impedi-los de quaisquer alterações de última hora. Em algum momento, com todas as condições atendidas e todas as obrigações legais inerentes à compra e venda cumpridas, é possível que você precise pagar para ver e dizer não a um capricho absurdo. Como essas pessoas são muito vaidosas, é bom dar-lhes a chance de salvar as aparências, ao mesmo tempo em que você se recusa a aceitar uma exigência inconveniente e inoportuna, de última hora. Gorman desceu no elevador. Larry voltou para a sala de reuniões e aparou as arestas do acordo, fechando o negócio no mesmo dia.

Etapas que Antecedem o Fechamento da Transação

Após a assinatura do contrato de compra e venda, o comprador pode ter a impressão de que não há mais nada a fazer senão assinar papéis. Engana-se quem pensa assim. Entre a assinatura do contrato de compra e o fechamento da transação, o comprador (e seus consultores) estarão mais ocupados do que nunca. Devem ocorrer as discussões sobre a transação; será necessário formar uma sociedade anônima ou uma sociedade por quotas de responsabilidade limitada; desenvolver o layout e mandar imprimir novos formulários (incluindo cartões de visita, envelopes, papéis timbrados etc.); visitar os principais clientes e fornecedores e resolver eventuais problemas advindos da mudança de dono; além de organizar uma reunião com os principais funcionários e o proprietário do imóvel onde está instalada a empresa. Pouco antes do fechamento (alguns dias no máximo), o comprador deve ir à empresa para conferir o inventário de ativos e de estoques e a capacidade operacional do ativo imobilizado. Os compradores precisam se certificar de que todos os itens incluídos no contrato de compra existem e de que estão devidamente registrados.

Se isso ainda não tiver sido feito, o advogado do comprador deverá verificar se todos os contratos, leasings, anexos e apêndices fornecidos pelo vendedor estão intactos. Os advogados do comprador e do vendedor devem se encontrar para um pré-fechamento, durante o qual toda a documentação será revisada.

Ajustes

Os ajustes (também chamados de rateios) são quantias que o comprador paga ao vendedor pelas despesas incorridas, mas que, por causa da venda, beneficiam o comprador. As despesas rateáveis incluem: aluguel, caução de títulos, pagamento antecipado de serviços públicos, prêmios pelas apólices de seguros transferíveis etc. Os ajustes podem implicar mais negociações. O valor dessas despesas deve ser calculado pelos advogados do comprador e do vendedor e, de preferência, deve ser acertado antes do fechamento. Uma declaração de celebração do negócio deve afirmar a quitação de todos os ajustes.

Checklists

No momento do fechamento, o comprador deverá ter uma lista de todos os itens levantados até o momento, incluindo:

- Documentos relacionados à propriedade de todos os ativos adquiridos
- Contratos de locação
- Listas de clientes
- Licenças comerciais
- Apólices de seguros transferíveis
- Todas as chaves de todas as dependências, mobiliário etc.

Etapas Após o Fechamento

Se a empresa mudar de nome ou de endereço após a venda, o correio, a companhia telefônica e as empresas de serviços públicos deverão ser notificados.

Quando o fechamento for concretizado e a empresa for transferida, o contrato de compra deixará de existir (exceto com relação aos itens que permanecem em vigor após o fechamento). A essa altura, não haverá mais espaço para negociações. Ambas as partes terão feito o possível e o acordo estará celebrado. Nenhuma das partes terá quaisquer obrigações, além das cláusulas do contrato de compra vigentes após a celebração da transação. Quaisquer termos que vigorem após a execução do contrato certamente implicam multas ou penalidades financeiras em caso de não-cumprimento.

Se você chegou até aqui, terá adquirido ou vendido uma empresa com sucesso.

Dicas do Pai Rico

- Os compradores devem conhecer os níveis de estoque antes do fechamento da transação. Quando o comprador tornar-se proprietário do negócio, o vendedor não estará lá para repor o estoque.

- Certifique-se de pegar todos os itens importantes — chaves, senhas, trabalhos — no fechamento da transação. Depois disso, pode ser impossível localizar o vendedor, que talvez tenha decidido desfrutar a folga em uma praia do Pacífico Sul.

- É importante lembrar que o vendedor e o comprador podem continuar vinculados por um determinado período após o fechamento, em virtude de cláusulas de garantias e declarações cuja vigência ultrapasse a conclusão do negócio.

Capítulo 14

Capítulo 15

O Futuro

Negócio fechado. Agora você é dono de sua própria empresa. Talvez pela primeira vez, talvez não. De qualquer forma, há muito trabalho à sua espera, mas também muita chance de realização, desafio e liberdade. Você é o rei do seu castelo. Até onde o novo negócio irá, em quanto tempo isso acontecerá e qual o estilo de sua empresa são aspectos que dependem exclusivamente de você.

Agora que Você É o Chefe

Após meses, quem sabe anos, nas negociações, pesquisando e investigando os números para encontrar o melhor negócio, é chegada a hora de sair da mesa e lidar com pessoas de carne e osso. Clientes, funcionários e fornecedores, todos dependem de você, bem como observam e questionam que mudanças trará à vida deles.

1. Clientes. Você certamente deseja que os clientes sintam-se tão bem quanto no tempo em que negociavam com o antigo dono ou melhor ainda. Para tanto, é necessário esforçar-se em dobro no início. Peça para os clientes darem um feedback de sua atuação. É possível melhorar os métodos de vendas? Se o retorno vier na forma de reclamações, responda-as com rapidez e da maneira mais completa possível, convencendo os clientes de que realmente se importa com a opinião deles. Faça o que for necessário para corrigir o problema e acompanhe de perto as correções para garantir a satisfação do cliente. Certifique-se de que todos os funcionários façam o mesmo e recompense-os pelo bom desempenho. Se as técnicas de vendas estiverem ultrapassadas ou fora de sintonia com seu estilo, pense na hipó-

tese de oferecer novos programas de treinamento. Se surgirem divergências na empresa, garanta que os clientes não se envolvam de forma alguma. Não importa o que aconteça nos bastidores, os clientes devem ver um negócio que opera em harmonia, cuja principal prioridade é servi-los.

2. Funcionários. Agora você é o responsável pela política da empresa. A melhor maneira de agir no período de transição (e depois dele) é manter as melhores políticas existentes (com as quais obviamente você está familiarizado após todas as investigações realizadas durante a negociação) e substituir as que não funcionam por ideias melhores. O estado de espírito dos funcionários é de extrema importância durante a transição. Esse não é o momento de cortes nos benefícios para aumentar os lucros. Naturalmente os funcionários já se sentirão inseguros. Os ganhos financeiros em curto prazo não compensarão as perdas em longo prazo, quando os funcionários começarem a se desligar da empresa e/ou aceitar outras propostas de trabalho. O ideal é que você tenha trabalhado com a equipe gerencial desde antes da compra; assim, cada membro da equipe estará ciente de seu papel na transição e no futuro da empresa. Eles devem saber se permanecerão ou não e o que os aguarda em termos de remuneração.

3. Fornecedores. O relacionamento com os fornecedores pode ter sido fantástico durante a gestão do antigo proprietário. Nesse caso, tente conduzir a transição da maneira mais coesa possível. Considere a hipótese de manter o antigo dono por perto para ajudá-lo a familiarizar-se com os fornecedores. Estude os contratos existentes e mostre-lhes que compreende os detalhes. Se houver alguma dificuldade no relacionamento, esforce-se em mostrar aos fornecedores que você é mais confiável do que o antigo dono. Marque reuniões e converse com eles, analisem juntos as condições para ver se há melhores acordos para você ou para ambos.

A Escolha do Tipo Societário

No caso de compra de ativos, você poderá escolher a forma societária mais adequada à sua situação específica, se sua intenção não for transferi-los para uma empresa já existente.

Ao escolher o tipo societário, não se esqueça de considerar as questões tributárias, a facilidade das operações, os níveis de controle e gerenciamento, a capacidade de levantar capital e a possibilidade de transferência da participação do proprietário no capital da empresa. Peça a ajuda de seu advogado ou contador sobre o melhor tipo societário.

Plano de Reestruturação da Empresa

Se o antigo dono preparou um plano de negócios, você, como o novo proprietário, deve analisar e revisar os itens referentes aos próximos três a cinco anos. Se não houver um plano de negócios em vigor, é necessário preparar um que abranja esse período. Muitos empreendedores inexperientes abrem mão dessa tarefa. No entanto, muitos deles também não sobrevivem, em parte porque não seguiram um plano de ação bem definido. Não se inclua na estatística dos fracassados. O simples fato de preparar um plano de negócios pode solidificar e focar seus objetivos para a empresa de maneiras somente imaginadas no melhor dos sonhos.

O plano de negócios que mapeia o futuro empresarial é realmente aquele que reestrutura o negócio, detalhando como será feita a reformulação do negócio. Esse plano deve abranger uma visão geral e o pessoal-chave, bem como detalhes do que a empresa fará para manter e aumentar a carteira de clientes atuais, além das projeções financeiras. O SEBRAE (Serviço Brasileiro de Apoio às Micro e Pequenas Empresas) é uma excelente fonte de apoio para criar seu plano de negócios, pois oferece consultoria gratuita em diversas áreas. Embora você também possa contratar um consultor especializado para elaborar o plano de negócios, não deixe de se envolver ativamente na preparação desse documento. Afinal, o plano será inútil se você não souber em que ele consiste.

Como Deixar a Empresa com Sua Cara

Agora que a empresa pertence a você, chegou a hora de implementar todas as mudanças idealizadas durante a negociação de compra. Talvez você queira adicionar novos produtos ou serviços. Muitas vezes, a visão ousada do novo proprietário é capaz de maximizar os serviços ou produtos oferecidos. Se perceber a existência de uma extensão natural dos produtos ou serviços existentes, faça uma pesquisa de mercado e veja os resultados. Se a eficiência operacional ainda não tiver sido alcançada, você poderá dar os passos necessários para obtê-la.

Talvez você esteja pensando em um novo local desde o início da negociação com o antigo dono. Quem sabe um lugar com tráfego menos intenso ou despesas

Capítulo 15

indiretas mais acessíveis. Talvez seja apenas um prédio mais agradável ou uma vizinhança mais receptiva ao que sua empresa tem a oferecer. Não importa os motivos, não pense que o local atual da empresa é sua única opção. E se realmente decidir continuar na sede atual, pense no que é possível fazer para melhorá-la. Uma ampliação ou uma total reforma no layout interior podem ajudar. Muitas vezes, basta uma nova pintura ou uma redistribuição do estoque. Há consultores especializados em layout de escritórios e estabelecimentos comerciais. Se preferir, faça você mesmo. Olhe para o espaço disponível e imagine-o completamente vazio. O que você faria se estivesse mudando para o imóvel desocupado?

Você realmente entende como funciona a concorrência? Durante a investigação da empresa, provavelmente aprendeu mais sobre a concorrência do que o antigo dono poderia imaginar. Use esse conhecimento para alavancar sua posição no mercado.

Atualize os equipamentos da empresa se isso for viável. Uma atualização nos computadores e nos equipamentos com base em tecnologia pode ser um investimento que se paga muito rapidamente, graças à agilização proporcionada nos processos. Mas atenha-se apenas ao que é necessário. Não compre aqueles pacotes de software gráficos de última geração se, na verdade, você precisa apenas de um bom editor de textos. Atualize a empresa, mas não exagere. As engenhocas modernas podem ser muito tentadoras, mas você está dirigindo uma empresa, não praticando um hobby.

Imagine que nenhuma ação de marketing tenha sido realizada na empresa. Que ações você implementaria? Os materiais de marketing tornam-se desatualizados facilmente, às vezes porque os proprietários acostumam-se com eles e creem que o resultado será líquido e certo. Aproveite o melhor do que já existe, mas dê seu toque pessoal ao material, melhorando-o e atualizando-o. Contrate um assessor de imprensa ou uma agência de propaganda para ajudá-lo com as promoções, se esse não for seu ponto forte. Saiba que a mensagem certa é apenas parte da batalha e que a mídia correta é tão importante quanto o conteúdo. Rádio, TV, jornais, outdoors? Você precisará de orientação sobre como proceder. Consiga essa ajuda e seja um vencedor em termos de marketing.

Como sempre, com o aconselhamento certo, sua empresa terá início de maneira promissora.

Dicas do Pai Rico

- Não pense que a satisfação dos clientes e funcionários será líquida e certa. Resolva as questões com seriedade e cuidado porque, durante a transição, essas pessoas podem se tornar um problema sem que você perceba.

- Pense na ideia de preparar um plano de negócios totalmente inédito para a nova empresa. O foco desse plano pode ser de extrema importância nessa fase inicial.

- Divirta-se — mantenha o entusiasmo. Como já dizia Winston Churchill: "Sem entusiasmo, nunca se faz nada importante."

Capítulo 15

Conclusão

Como vimos ao longo deste livro, há inúmeras armadilhas e obstáculos que devem ser identificados e evitados na compra e venda de uma empresa. Se você estiver devidamente prevenido, como está agora, e com a ajuda de sua equipe de especialistas, essas questões serão resolvidas de maneira adequada e vantajosa para você.

E, como mencionamos várias vezes, a formação da equipe de consultores talvez seja o principal fator crítico de sucesso. Escolha cuidadosamente os profissionais e confie em sua própria intuição e bom senso. Peça indicações de amigos e procure referências junto às associações e conselhos regionais. Não descarte a hipótese de buscar consultoria gratuita em entidades (como o SEBRAE — www.sebrae.com.br). Também faça questão de entrevistar cada um desses profissionais pessoalmente e só os contrate se confiar na experiência alegada, se estiver de acordo com os honorários e se confiar em que os escolhidos terão capacidade e vontade de trabalhar em sua equipe.

Com a equipe certa, a preparação e os cuidados adequados, você pode e irá alcançar o sucesso. Com a dedicação correta e muita energia, o novo empreendedor fará muito em prol do futuro de sua nova empresa e de sua família. Essa iniciativa dará emprego a várias pessoas e ajudará a comunidade e, sem dúvida, será uma jornada fascinante e gratificante.

Boa sorte.

Conclusão

**Sobre o Autor
Garrett Sutton, Adv.**

Garrett Sutton, Adv., é consultor da *Rich Dad* e autor dos best-sellers *Como Comprar e Vender Empresas e Ganhar Muito Dinheiro e Start Your Own Corporation*. Como advogado, Garret tem mais de 35 anos de experiência em auxiliar indivíduos e empresas a determinar a estrutura empresarial, limitar sua responsabilidade, proteger seus bens e avançar em seus objetivos pessoais e financeiros.

Garrett é proprietário e administrador da Corporate Direct, Inc., que oferece formação e serviços de manutenção de empresas em todos os 50 estados norte-americanos.

Garrett estudou na Colorado College e na Universidade da Califórnia, em Berkeley, onde se graduou em administração de empresas, em 1975. Tornou-se doutor em direito em 1978, pela Hastings College, a faculdade de direito da Universidade da Califórnia, em São Francisco.

É membro da Ordem dos Advogados (American Bar Association) dos Estados Unidos e das seções de entidade dos estados de Nevada e da Califórnia. Escreveu vários artigos para o *Wall Street Journal, New York Times* e outras publicações.

Garret adora falar com empreendedores sobre as vantagens de se abrir uma empresa, da proteção dos bens e dos negócios, bem como sobre estratégias do setor imobiliário.

Atua no conselho da American Baseball Foundation, em Birmingham, Alabama, na Sierra Kids Foundation, em Reno, Nevada, e no Museu de Arte de Nevada.

Livros de Garrett Sutton

**Start Your Own Corporation
Writing Winning Business Plans
Como Comprar e Vender Empresas e Ganhar Muito Dinheiro**